以數據驅動的
校務策略規劃

周景揚、鄭保志

主編

序

　　校務研究（institutional research）在西方高等教育體系起源甚早且發展成熟，是美國主流大學治理與校務決策的重要功能與部門，在臺灣的部分大學或許早有類似的業務或單位，但直到近年才獲得普遍重視，主要助力在於教育部於2015年所推動的「大學提升校務專業管理能力計畫」，補助26所大專院校發展校務研究工作，延聘專業人員，設置專責機構，並促成「臺灣校務研究專業發展協會」於2016年1月成立，在首任理事長黃榮村教授（前教育部長、現為考試院院長）的帶領下，團結各校力量、組織發展迅速，除了掌握各方資源、發展國際連結，更積極辦理學術研討與研習、支援專業活動，而本書之出版，正是豐碩成果的具體展現。

　　基本上，校務研究的核心是校務「資料」，而資料是否能夠成為有意義的資訊，提供決策參考，有賴於正確有效的分析。本書所收錄的各篇研究報告，正說明了校務資料透過分析策略所能展現出來的意義與價值。從各文所使用的資料可以得知，校務研究資料的取材皆為各校辦學狀況或學生學習狀態，例如以問卷調查探討學生不同面向的學習滿意度；透過UCAN平台資料分析學生職能發展概況與課程改善重點；英語授課者必須語言與教學能力兼備才能讓教學成效更好等等，雖然研究者的出發點是在各校的校務治理與辦學狀況本身，正因為研究者均具備相當程度的學術背景與研究方法訓練，各研究均採行符合學術研究規範之研究策略，雖然資料型態互異、研究方法不同、統計分析深淺有別，但研究發現除了反映各校

的特定背景與研究主題的不同焦點所在，也可以類化推論到有相同脈絡與條件下的校園情境或應用議題，例如多元學習策略對於學習效能有正向的影響；入學方式與高中表現對於大學生的學習表現具有顯著預測力；助學計畫與資源的投入對於經濟與文化不利的學生確實有所助益等等。

本人雖長年投入量化研究與統計方法的研教與專書撰述工作，但也曾經參與大學教務、總務、推廣教育、院系務與校務研究辦公室主管等行政職務，深知校務行政工作的紛雜與挑戰。從校務治理的角度來看，校務研究的目的是在為行政服務而非學術，「研究」的價值與功能在於掌握校園樣態、提供決策參考與實務應用的建議，本書當中的各篇研究不約而同的採行學術論文的典範與程序，除了是研究者個人的訓練與研究需要上的選擇，更能提升研究內容與分析報告的客觀性，避免結論的誤導，提高學術價值，這除了呼應國內外校務研究社群對於專業倫理的要求，也同時符合學術規範，是國內校務研究領域成熟發展的正確之路。

本書的各篇研究都曾經在學術會議或成果發表會上宣讀討論，彙集出版的目的除了分享研究成果，提供校務研究同仁觀摩參考，也可以讓外界瞭解校務研究的具體內容，提供行政管理人員與政策決策者之參採，落實以證據為本的校務治理目標，在此除了對於各文作者與相關研究同仁表達感佩之意，也對於協會師長及同仁積極推動專書出版所做出的努力致上敬意。期盼未來能夠繼續看到更多校務研究的論述專書與成果發表出版，一方面嘉惠社群同仁，也能對整個高等教育的發展有更多的貢獻。

邱皓政

謹誌於國立臺灣師範大學

2022年4月25日

序

　　2015年教育部為了協助並輔導各大學成立校務研究單位，特別提出了一項競爭型補助計畫，名為教育部補助大學提升校務專業管理能力計畫，核定補助了26所大專校院。翌年，臺灣第一個校務研究專業組織「臺灣校務研究專業協會」（Taiwan Association for Institutional Research, TAIR）也正式成立，肩負校務研究推廣與交流重要任務。

　　校務研究單位在現今臺灣各大學校院普遍設立，是大學改善與創新行政及教學等決策上的重要智庫，當然要歸功於教育部的遠見和TAIR的支持。特別是TAIR每年將各校在校務研究成果彙集成冊公開發行，為校務研究社群迅速累積下參考文獻。

　　《以數據驅動的校務策略規劃》一書是TAIR本年度的重要出版品，收錄七篇文章，這些文章投稿TAIR國際研討會，經審查接受，公開發表再經評選，擇優邀稿，稿件再重新送審修訂，過程嚴謹，能收錄進來的文章都是一時之選。這七篇文章的主題各異但皆可看出學校從學生學習角度出發，多元蒐集質量化資料，以具體之學生學習資訊，透過議題方式深入分析學生來源及特質、學習行為、學習問題及困境，經過校內共同規劃，形成對人才培育及學生學習成效之共同願景及理念，並回饋至招生專業化、教學精進、職涯輔導、就業力養成及校務管理。

　　TAIR與美國校務研究協會（Association for Institutional Research，AIR）一向交流密切。在疫情之前，TAIR也都會組團參與美國校務

研究協會年會（AIR FORUM），在AIR FORUM可以發現校務研究主題更加廣泛，除我們最關心的學生學習成效提升之外，還有問責與績效指標、學校財務、教師研究、學生事務、數據分析與技術…等，其中以投資報酬率（Return on Investment，ROI）進行同儕及標竿學校比較，我特別感到新鮮，也是目前國內文獻較少見到的，期盼我們未來也能像類似AIR FORUM一樣，朝更多元的方向發展，提供大學更多校務研究經驗，以協助大學校院系統性蒐集各項校務及學生學習數據資料，分析並轉化為行動的智慧，建立以證據為本的校園管理文化，確保每份寶貴的教育資源均能用以善盡大學人才培育的任務。

謹誌於國立臺北教育大學

2022年4月27日

目次

高教深耕勵學措施對經濟與文化
不利學生順利就學之成效分析

明新學校財團法人明新科技大學校務研究中心主任
林鴻銘

明新科技大學校務研究中心博士後研究員
與企業管理系兼任助理教授
池伯尉

壹、前言

自Becker（1964）提出人力資本理論後，教育在經濟發展中的地位越發受到重視，其中，高等教育更被公認是協助累積人力資本、培育技術人力的重要工具。依據美國Pew Research Center對全球44國所進行的全球態度調查（Global Attitudes Survey）顯示，有60%的受訪者認為，要取得人生勝利組之「入場券」，最重要的方式即為接受良好的教育（Pew Research Center, 2014）。

1994年起，台灣隨著高等教育機構的擴張，高等教育普及化的確增加了經文不利生就讀大學的機會。然而，仔細審視其中之分佈狀況卻可發現，即便102至108學年，高等教育的淨在學率均維持於70%以上，大幅超過高教普及化所設定的50%門檻（教育部統計處，2020a）。但卻約有80%的經濟與文化不利生（下稱經文不利生）集中於私立大學與私立技職校院；其中，104至108學年，經

文不利生就讀私立技職校院的人數更是私立大學的3倍（教育部，2020a），證實了Lucas（2001）的不平等有效維持論（Effectively Maintained Inequality，EMI）。

受少子女化的影響，自105學年開始，大學一年級生源之減少趨勢已銳不可擋。據估計111學年，大學1年級學生人數將由105學年以前的26至28萬人，首度跌破20萬人，117學年則將更進一步減至16.2萬人之低點（教育部統計處，2020b）。在這波浪潮中，原本就居於相對弱勢的私立技專校院，不僅是首波遭受衝擊的對象，亦肩負了培育我國多數經文不利生之重任。

值得注意的是，教育的不平等經常和其他不平等現象互為因果，並進而對校務經營產生影響，例如：經文不利生在學習過程所經歷的不平等，將可能影響其在校的學習成功經驗，與就學穩定度，進而延伸影響到這些學生進入職場時的工作與社會參與（Donnelly, 1987）。雖然探討經文不利生之協助措施，對這些學生學業成就之影響成效已經在多篇實證研究中展現，但過去主要均係以橫斷面資料（cross-sectional data）進行探討。這樣的方式忽略了，學生的表現可能會隨著時間演進而有不同變化趨勢，以及協助措施之影響效應，可能不會依循著穩定不變之路徑發展。此外，在橫斷面資料的限制下，亦無法有效的建立時間順序與因果關係，以排除其他形式之影響。本文最大的貢獻在於，本研究是使用連續追蹤資料進行分析，在這樣的架構下，樣本資料涵蓋多個時間點，有助於釐清特定助學措施帶來的影響效果。

其次，在研究對象方面，目前國內對於經文不利生學習成效的研究，多數係以一般青少年作為研究對象（廖錦文、鄭博文，2019；黃儒傑，2018；謝志龍，2018；宋佩芬，2016）。過往雖有多篇文獻針對教育部對大學生之助學政策進行探討（潘世尊，2017；侯雅雯，2017；董馨梅，2015），但多係梳理助學政策之沿革，或是在統整各界對於助學政策的評論後，提出改革建議。但經

文不利大學生在助學措施的協助下，是否真的降低了他們的退學風險？至今仍未有明確的答案，在此部份議題之實證研究仍如鳳毛麟角的情況下，更顯出本文之重要性。

本文以個案學校106至108學年度執行高教深耕計畫所收集之勵學金資料，串聯該校資料倉儲中之學生資料，分析計畫執行對經文不利生退學風險的影響。本文的研究結果顯示，105及106學年度入學的一般生或經文不利生，這些學生前2個學期退學的比率都不高，但至第3個學期，在學率均會出現第一波劇烈的下降幅度，其後，各學期雖然均有部份的學生退學，但皆沒有第3個學期的下降幅度劇烈。

本研究進一步將學生以參與的助學或勵學措施分類，發現在不同入學年度的學生中，均有經文不利生係未參與任何助學或勵學措施的。這群學生在退學比率上明顯的高於其他學生。顯示，在未有任何外在資源的協助下，這些學生們可能無法自行突破家庭社經背景的限制順利取得學位。

最後，本文利用具時間相依共變數的Cox模型探討助學與勵學計畫對經文不利生持續就學的影響。發現申請教育部學弱勢助金計畫顯著的降低了105與106學年度入學的經文不利生，這些學生們退學的機率；而參與高教深耕計畫，顯著的降低了106學年度入學的經文不利生，這些學生們退學的機率。

本文之架構安排如下：除本節外，第2節為文獻探討，第3節為研究背景、資料來源與研究方法，第4節陳述本文之估計結果，最後第5節為本文的結論。

貳、文獻回顧

一、教育機會與階層流動

　　為何經文不利生們的學業成就如此備受關注？依據教育平等論的觀點，一個人獲得較好的教育，意謂著相對於其他人，在入學與經濟成就上將擁有較大的地位優勢，也將直接影響個人未來的生涯發展（Brighouse & Swift, 2006; Koski & Reich, 2007）。因此，教育成就必須來自於個人的「天賦」或「努力」，不應受到社會階層或其他因素的影響（Swift, 2003）。在學生接受教育的過程中，國家重要的責任，是確保「教育競賽」的公平（Brighouse & Swift, 2006），學校教育則必須確保所有的學生都可以獲得在勞動市場公平競逐的機會（Brighouse & Swift, 2008; 2009）。亦即，在求學的過程中，每一個學生不論種族、性別、階層等因素的差異，均應享有平等教育的機會與資源；另一方面對於那些「天賦」與「努力」都相當，但因為家庭社會經濟背景，而導致求學過程處於劣勢的學生，必須進行補償式措施，藉由提供更多的教育資源，以矯正這些學生們的處境。

　　以經濟學的觀點而言，教育是增加代際流動的方法中，最有效的方法。因此，要改善社會貧富階層的僵固，平等的教育機會在其中扮演了不可或缺的角色。Brand和Xie（2010）利用美國1979年之全國青年縱向調查（National Longitudinal Survey of Youth, NLSY）與1957年之威斯康辛長期追蹤研究（Wisconsin Longitudinal Study, WLS）兩項大型縱向調查，探討大學教育對於畢業薪資之影響。兩位作者發現，大學教育對薪資之影響效果，在不同的家庭或能力背景的群體間並不相同。研究結果顯示，完成大學學業傾向較低的人（例如：社經背景較為不利或能力較低）若實際完成大學學業，這

些學生們的獲益將遠高於社經背景優越的群體。亦即，透過教育，社經背景不利之族群將可達成經濟階級移動（economic mobility）。其後，Bloome、Dyer和Zhou（2018）利用1979年和1997年NLSY進行的分析亦有相似的發現，二位作者的研究結果指出，高等教育的擴張加上教育報酬的增加，使得社經背景不利之學生有機會提升其社會階層，而這也是近年來代間所得彈性未持續擴大的原因之一。因此，作者們建議，相較於關注「有多少人完成了大學學業？」，政府對於教育政策的觀測更應著重的是「誰完成了大學學業？」。

二、影響經文不利生完成學業之負向影響因素

雖然教育被認為是促進機會平等或階級翻身的踏腳石，但過往一系列的文獻均指出，在諸多負向影響因子的干擾下，經文不利生們順利完成學業的過程並不容易。例如：Donnelly（1987）指出，高危險群學生（at-risk students）通常來自低社經背景的家庭，他們的父母教育背景較低，因此對於孩子的教育成就期待也較低。這類學生往往鮮少參加學校活動、與同儕關係不佳，且因在學校缺乏學習成功的經驗，容易出現低自尊的特徵，有較高的機率中途輟學。Mahuteau和Mavromaras（2014）合併2006年澳洲國際學生能力評估計劃（Programme for International Student Assessment, PISA）與澳洲全國青年縱向調查（Longitudinal Survey of Australian Youth, LSAY）兩份資料，探討家庭社經背景（由經濟、社會與文化三面向，所構成之綜合指標）與學校品質對學生退學機率的影響。作者們的結果顯示，較低的家庭社經背景、PISA成績，與就讀學校的品質，均會顯著的增加學生退學的機率；此外，相對於高家庭社經背景的學生，低家庭社經背景的學生更容易受環境劣勢的影響，這些學生就讀品質較低的學校時的退學機率為高家庭社經背景學生的2倍。最後，

作者們亦透過反事實分析法（counterfactual analysis）推估不同家庭經濟背景之學生，就讀不同學校品質時的退學機率，研究結果顯示，低家庭社經背景的學生若能就讀高品質的學校，這些學生的退學機率將下降1/3。

在台灣的部份，主要的研究結果亦與國外相似。文獻很一致的指出，經文不利生們完成學業的過程，必須受許多負向影響因素的阻礙。例如：謝孟穎（2003）指出，低社經背景家庭之父母在教育功能的覺知、協助與督促子女學習、對子女的教育期望，以及提供教育資源的支援等面向，均不及高社經背景家庭的父母。因不同階層的家庭環境所塑造出的「習性」，為學生接受教育時的起始能力，導致了不同社經背景學生之學習成就差異。另外，潘玉龍（2017）針對原住民休退學的分析發現，經濟因素為原住民大學生休退學因素中，重要之影響因子，有12%的原住民大學生因經濟困難導致休學甚至退學，比率高出一般生幾乎一倍之多。謝志龍（2018）指出，經濟不利家庭的學生因為資源上的稀缺，這些學生們的學業成就表現可能較差，向上流動的機會較少，導致停留在貧窮階級的時間將會較長。

綜合上述的文獻顯示，雖然高等教育有助於社會階層流動。但當中的前提是，經文不利生必須能突破家庭社經背景的限制，有機會進入大學並克服逆境當中的影響因子順利取得學位。

三、經文不利學生之協助政策

近年來政府積極地透過各式補助方案，加強經文不利生教育機會之公平性。其中，在大學端入學機制的部份包含：入學考試費用減免、特殊申請入學（例如：國立清華大學自102學年度大學甄選入學個人申請，增設「旭日組」招生），與特殊選才等。而入學後，協助這些學生安心就學最重要的措施，即是透過學雜費減免、

助學與勵學計畫，給予經文不利學生們經濟上的支持。

　　首先在學雜費減免的部份，此部份主要是依學生之身份別辦理，當中得以減免學雜費之對象包含：低收入戶與中低收入戶學生、身心障礙學生及身心障礙人士子女、特殊境遇家庭之子女或孫子女與原住民等。減免幅度由減免40%學雜費（輕度身心障礙或持鑑定證明者）至減免全部學雜費（低收入戶與重度身心障礙）；原住民學生則依所就讀之學校性質（公立或私立）、學院、學系減免11,000至44,000元（教育部，2020b）。

　　其次，助學計畫的部份則是以「大專校院弱勢學生助學計畫」為最主要的協助方案。此計畫提出助學金、生活助學金、緊急紓困助學金和住宿優惠等四項來協助學生。當中助學金所著重之對象為，家庭年所得後40%的大專校院學生，並依不同家庭年所得劃分五級，不同層級的學生因就讀學校性質（公立或私立）可扣除全學年學雜費5,000元至35,000元不等的金額（教育部，2020b）。惟助學金與學雜費減免，兩項措施皆符合資格之學生，僅能擇優申請一項。

　　最後，在勵學計畫的部份，目前最近期的大型計畫，當屬自2018年起辦理之高等教育深耕計畫（後稱高教深耕計畫）。政府透過高教深耕計畫項目三「提升高教公共性：完善就學協助機制，有效促進社會流動項目」，鼓勵各大專校院透過「學習取代工讀」的教學與輔導機制，使經文不利生得以同時兼顧課業與生活所需。

　　綜合上述各項協助措施可知，這些措施主要均是從促進教育機會公平的角度出發，希望能夠協助經文不利生順利完成大學學業，從而獲得較好就業機會與競爭力。

參、研究背景、資料來源與研究方法

一、研究背景

　　本文所探討之個案學校位於新竹縣，主要科系以工學院為主，管理學院次之，並設有服務產業學院與人文設計學院。為扶助與輔導經文不利生，該校除依法補助學生獎助學金外，在學生生活助學金的部份，亦透過預算提撥、教育部補助、校友捐贈等三部份強化經文不利生的生活助學金措施，確保學生安心就學，並協助學生完成學業。

　　至於在執行高教深耕計畫的部份，本文所探討之個案學校是運用Solomon於1976年所提出的「培力（Empowerment）」概念，推展「學習培力、職涯培力、生活培力」三面向之各類學習方案，建構經文不利生的支持及關懷系統、培養未來就業的專業能力和軟能力等。參與高教深耕勵學金計畫之學生，在執行完成參與方案所規定之項目後，檢附其學習成效檢核文件，即可獲得該項次之勵學金，以達「透過學習取代工讀」之目標。例如：在學習培力的「與師共學」方案中，個案學校是以各系為單位，針對經文不利學生之成績不理想科目、須重補修科目及畢業門檻，安排專業教師開授輔導課程，完成課程者將可獲得5,000元之勵學金。此外，於此方案下另有由各系課輔老師推薦之加碼勵學金，於課程中出席及課業表現優良之前5名學生，每人將可再獲頒10,000元勵學金。

二、資料來源

　　本研究的資料來源包含兩大部份：第一部份的來源為個案學校之資料倉儲，包含的資料有：105至106學年度去識別化之日間部四

技新生基本資料、105至108學年度下學期之學生退學資料、學雜費減免資料,與經文不利生助學金資料;第二部份則是由個案學校學務處執行高教深耕計畫所收集,106學年度下學期至108學年度下學期,經文不利生之勵學金資料。

對於經文不利生身份別之確認,本文之認定方式有二:1.新生基本資料中,身份登錄為:原住民、身心障礙學生,與身心障礙人士子女的學生;2.本文將105至106學年度之新生基本資料,與105至108學年度下學期共計8個學期之學雜費減免資料、經文不利生助學金資料,與106學年度下學期至108學年度下學期,執行高教深耕計畫之經文不利生勵學金資料進行串聯,凡於就學期間曾提出助學申請,並經審核確認的學生,亦為本文經文不利生所包含的樣本。

三、研究方法

為了解政府助學計畫與高教深耕計畫對經文不利生安心就學之執行成效,本研究採用存活分析(survival analysis),作為實證資料研究方法。考量高教深耕計畫實際執行之年度為2018年(106學年度下學期),在這個情況下,不同學年度入學之經文不利生,至108學年度下學期止,學生們能夠參與高教深耕計畫的學期數並不相同。因此,本研究將學生樣本資料以學生之入學學年度進行區分,共分為105與106學年度入學之2個追蹤群組(cohort)。分析105與106學年度入學之經文不利生,自入學起至108學年度下學期止,這些學生們的在學率與同一追蹤群組之一般生是否有差異,以及助學與勵學方案對經文不利生退學機率的影響。

存活分析是研究某群個體在經過某一特定時間後,會發生某特定事件之機率分析,而此特定時間的長度稱為存活時間(survival time),於本研究中即為學生之在學時間。存活分析在統計上的應用由來以久,此方法早期最常用在生物醫學方面,如個人患某種疾

病的持續時間長短，而以死亡、疾病發生、疾病復發或康復代表該特定事件。近年來這個觀念的研究重心逐漸轉移到各個不同的領域上，如在社會科學領域中，對罷工期間長短、失業時間的長短、營業失敗的時間等問題皆已開始廣泛使用（Greene, 2000）。

本研究中，事件的發生是指學生「退學」。認定的方式為，退學登記資料中確認之退學日在108學年度下學期前，便視為是事件的發生。從學生入學至退學發生為止，這段期間稱為持續期（duration）。而在任何一個時間點上，學生可能退學的機率則是風險率，相對而言的便是學生的在學率。

關於存活分析模型的設定，假設T為一隨機變項，在此為學生的在學時間，t則表示一個特定的T值。$f(t)$為T的機率密度函數，$F(t)$為T的函數分配，兩者的關係如（1）式與（2）式所示：

$$f(t)=\lim_{\Delta t \to 0}\frac{P(t \leq T \leq t+\Delta t)}{\Delta t}=\frac{\partial F(t)}{\partial t} \qquad (1)$$

$$F(t)=P(T \leq t)=\int_0^t f(s)ds \qquad (2)$$

存活機率（survival probability）或存活函數（survival function）之意涵為，直到時間點t，事件尚未發生的機率，而在本研究中即為到時間點t，學生未發生退學事件之機率。

本研究以$G(t)$來表示存活函數，如（3）式：

$$G(t)=1-F(t)=P(T \leq t)=\int_t^\infty f(s)ds \qquad (3)$$

另外，風險率（hazard rate）或風險函數（hazard function），$h(t)$，則表示每單位時間，事件發生的瞬間條件機率（instantaneous conditional probability），此一條件為學生在學至時間點t，尚未發生退學的事件，如（4）式。

$$h(t)=\lim_{\Delta t \to 0}\frac{P(t \le T \le t+\Delta t \mid T \ge t)}{\Delta t}=\frac{f(t)}{G(t)} \qquad (4)$$

在以上的函數基礎下，本文採用Kaplan-Meier方法（以下簡稱KM法），藉此觀察不同在學時間的累積在學函數，於不同學生群體之間所涉之風險是否有差異，例如：學生可以區分為經文不利生與一般生兩群體，而經過一段時間之後，這兩群體的在學的機率是否存在差異性。（5）式為經過t時間後的存活累積機率密度函數：

$$\hat{G}(t_{j-1})=\prod_{i=1}^{j-1}\hat{P}(T>t_i) \qquad (5)$$

透過此一存活累積機率密度函數，可以得知不同群體在經過某段時間後所累積的在學率，並透過log-rank檢定，得知不同群體的在學率是否有顯著的差異。

另一方面，除了針對不同群體的存活函數進行比較分析之外，進一步還需要瞭解參與高教深耕計畫對於學生持續在學之影響。由於學生參與計畫與否可能會隨著時間而改變，因此又稱之為依時變動共變數（time-varying covariance）。

據此，本研究將共變數納入以下的Cox對比風險模型（Cox proportional hazards model）：

$$h(t,X)=h_0(t) \times \exp(\sum_{i=1}^{p}\beta_i X_i) \qquad (6)$$

（6）式中的$h_0(t)$部份，稱為基準風險函數（baseline hazard），$\exp(\sum_{i=1}^{p}\beta_i X_i)$則是代表共變數的指數部份。Cox對比風險模型假設，風險的比例在任何一段時間都是常數，意即不同觀察對象之間的風險比例不會隨著時間而改變，也被稱之為成比例風險假設，其風險比率（hazard ratio）為：

$$HR = \frac{h_0(t) \times \exp(\sum\limits_{i=1}^{p} \beta_i X_i^*)}{h_0(t) \times \exp(\sum\limits_{i=1}^{p} \beta_i X_i)} = \exp(\sum\limits_{i=1}^{p} \beta_i (X_i^* - X_i)) \qquad (7)$$

（7）式說明，不同特質的學生之間，其風險函數存在著對比關係，而且不會隨著存活時間變動而有所變動。藉由Cox對比風險模型，本研究可將自變項納入考量，並檢證影響學生在學之共變數影響效果。

肆、估計結果

一、敘述統計

表1所呈現的是105與106學年度入學的新生，以身份別區分的基本敘述統計資料。在經文不利生人數總計的部份可見比例相當的高，105入學之新生約17.57%為經文不利生，而106學年度則有17.48%。

在退學比率的部份，本研究發現，不論入學的學年度為何，一般生的退學比率均高於經文不利生。另外，由於在本文的資料中105學年度入學的新生，是可以觀察4年（8個學期）就學情況的群體，因此在退學的比率上較106入學之新生來的高。

性別比率的部份，整體學生男女之比例為2:1，經文不利生之男女比則約為1:1。學院的分布相當的一致，不論係一般生或經文不利生，均是以工學院為最多、管理學院次之，比率最低的為人文與設計學院，呼應本文所分析之個案大學係以工學院為主之科技大學。最後，在學生居住地區分布的部份，以桃竹苗（包含：桃園市、新竹縣、新竹市、與苗栗市）地區為最多（約占70%以上），其次為北北基宜（包含：台北市、新北市、基隆市，與宜蘭市），其餘地區合計僅占10%，與近年科技大學學生來源具在地化與區域化之特性相互呼應。

表1　105與106學年度入學之新生基本敘述統計

變項	105學年度入學			106學年度入學		
	一般生	經文不利生	總計	一般生	經文不利生	總計
在學與退學						
在學	1,354	317	1,671	1,148	257	1,405
	82.01%	90.06%	83.42%	84.79%	89.55%	85.62%
退學	297	35	332	206	30	236
	17.99%	9.94%	16.58%	15.21%	10.45%	14.38%
性別						
女	543	184	727	483	116	599
	32.89%	52.27%	36.3%	35.67%	40.42%	36.5%
男	1,108	168	1,276	871	171	1,042
	67.11%	47.73%	63.7%	64.33%	59.58%	63.5%
就讀學院						
工學院	764	119	883	593	120	713
	46.27%	33.81%	44.08%	43.8%	41.81%	43.45%
管理學院	390	102	492	341	69	410
	23.62%	28.98%	24.56%	25.18%	24.04%	24.98%
服務產業學院	338	100	438	276	63	339
	20.47%	28.41%	21.87%	20.38%	21.95%	20.66%
人文與設計學院	159	31	190	144	35	179
	9.63%	8.81%	9.49%	10.64%	12.2%	10.91%
居住地區						
桃竹苗	1,305	253	1,558	1,148	214	1,362
	79.04%	71.88%	77.78%	84.79%	74.56%	83%
北北基宜	204	58	262	134	35	169
	12.36%	16.48%	13.08%	9.9%	12.2%	10.3%
中彰投	82	22	104	49	21	70
	4.97%	6.25%	5.19%	3.62%	7.32%	4.27%
雲嘉南高屏	29	6	35	9	4	13
	1.76%	1.7%	1.75%	0.66%	1.39%	0.79%

變項	105學年度入學			106學年度入學		
	一般生	經文不利生	總計	一般生	經文不利生	總計
其他	31	13	44	14	13	27
	1.88%	3.69%	2.2%	1.03%	4.53%	1.65%
總計	1651	352	2003	1354	287	1641
	82.43%	17.57%	100%	82.52%	17.48%	100%

二、學生的在學比率分析

本研究先利用Kalpan-Meier法，在不加入解釋變數的情況下，純粹觀察不同類別的學生，在學時間與在學比率的關係，再以log-rank檢定檢驗不同類別的學生在學比率之差異是否顯著。

本研究先將學生的身份別以一般生及經文不利生進行區分，105與106學年度入學新生之結果分別呈現於圖1-1與圖1-2。由圖1-1與1-2可見，整體而言，不論是105或106學年度入學的新生。一般生及經文不利生這兩類學生發生退學的趨勢相當接近，在第一年（前2個學期）退學的比率均不高，但至第3個學期，在學率均出現第一波劇烈的下降幅度。其後，各學期雖然均有部份的學生退學，但皆沒有第三個學期的下降幅度劇烈。改以身份別來看，長期而言，經文不利生的在學率較一般生為高，且log-rank test之檢定結果為顯著（105學年度p-value=0.0003；106學年度p-value=0.0353），亦即上述2類學生的在學比率曲線具有顯著差異。

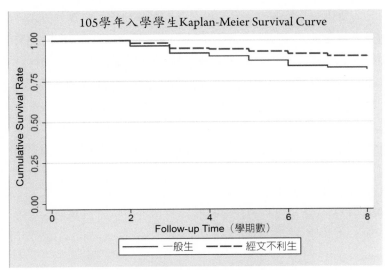

圖1-1　105學年度入學新生在學曲線分析

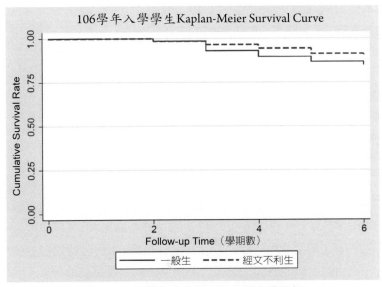

圖1-2　106學年度入學新生在學曲線分析

本文進一步將經文不利生區分為高頻率參與高教深耕計畫（指同一入學年的經文不利生中，參與高教深耕計畫，學期數累計前20%的學生）、低頻率參與高教深耕計畫、未參與高教深耕計畫但有申請助學金或學雜費減免，及完全未參與任何助學措施4類；一般生則區分為有辦理助學貸款及沒有辦理助學貸款2類，進行觀察。不過本研究必須特別強調，此部份僅是依資料中可觀察的學生特性進行區分，做初步的觀察，並未考量學生的參與情況隨追蹤時間的改變。

圖2-1與2-2分別呈現的是105與106學年度入學新生的結果。由圖2-1與2-2可見，學生的在學時間在各類別中具有很明顯的差異，且log-rank 檢定之結果為顯著（105學年度p-value= 0.000；106學年度p-value= 0.0137）。

整體而言，一般生（包含辦理助學貸款）、未參與高教深耕計畫但有申請助學金或學雜費減免的經文不利生，及完全未參與任何助學措施的經文不利生，這4類的學生，退學的趨勢較為接近，均是在第3個學期有一較大幅度的變動後，第4至第8個學期呈現小部份的下降。但觀察第3個學期下降幅度的差異可以發現，完全未參與任何助學措施的經文不利生在第3個學期後，在學率將僅剩約75%。反觀參與高教深耕勵學計畫的經文不利生，不論是高或低頻率參與的類別，這些學生發生第一次退學幅度較為明顯的學期均有延後的現象，且退學幅度明顯較前4個類別的學生為低。

此外，值得注意的是，在一般生中辦理助學貸款的學生。圖2-1與2-2的結果顯示，這些學生的退學比率雖然在前2個學期與未辦理助學貸款的一般生相似，但隨著觀察期的拉長，在之後每個學期的退學比率均較未辦理助學貸款的一般生高。在106學年度入學的新生中（如圖2-2），甚至可以發現一般生中辦理助學貸款的學生，他們的在學曲線幾乎與完全未參與任何助學措施的經文不利生重合。

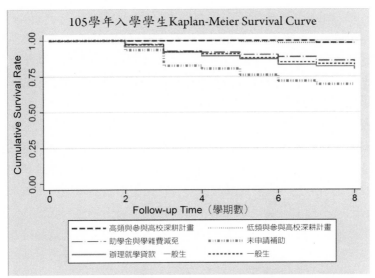

圖2-1　105學年度入學新生在學曲線分析_依參與計畫類別區分

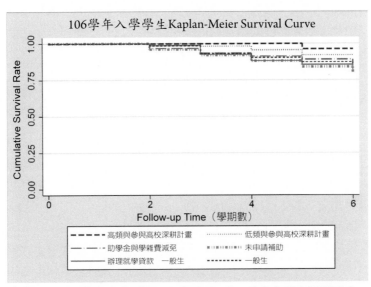

圖2-2　105學年度入學新生在學曲線分析_依參與計畫類別區分

透過上述結果主要的發現有四，首先，整體而言，在前2個學期，不論是一般生或經文不利生，學生退學的比率均不高，但至第3個學期均會出現第一波劇烈的退學潮。其次，在不同入學年度的學生中，本研究均發現有經文不利生係未參與任何助學措施的。這群學生們在退學比率上明顯的高於其他學生，顯示，在未有任何外在資源的協助下，這些學生可能無法自行突破家庭社經背景或環境的限制順利取得學位。第三，本研究發現有參與高教深耕計畫的經文不利生，在勵學措施的協助下，他們的在學率明顯的高於其他類群的學生。另外，未參與高教深耕計畫但有申請助學金或學雜費減免的經文不利生，這些學生的在學曲線與一般生相似。雖然經文不利生參與高教深耕計畫，或申請助學金或學雜費減免，這些行為均不是在基準期（baseline）發生的，但本研究認為這些變數某種程度上可以視為「學生積極就學」的替代變數（proxy），在這個角度下，顯示，助學措施可能在某種程度上，對於經文不利生完成就學具有保護的作用。最後，本研究發現辦理助學貸款的一般生，他們的退學比率較未辦理助學貸款的學生為低，且有逐漸與未申請助學措施之經文不利生重疊的趨勢。

三、助學計畫對經文不利學生持續就學的影響

鑒於助學金與高教深耕這類助學或勵學計畫，學生的參與情況有可能會隨著追蹤時間而改變。因此，本文利用具時間相依共變數的Cox 模型（Cox regression with time-dependent covariates）探討助學計畫對經文不利生持續就學的影響。

本研究將105至106學年度之估計結果呈現於表2。首先在105學年度入學的經文不利生的部份，分析結果顯示，在控制學生性別、就讀學院與居住地區後，申請助學金顯著的降低經文不利生退學的機率；然而參與高教深耕計畫雖然估計係數之符號為負，但不顯

著。可能的解釋是，高教深耕計畫首次執行的學年度為106學年度的下學期，對105學年度入學的學生來說，時間點來說相對較晚，因此未能即時產生影響效應。

改以觀察106學年度入學的經文不利生的估計結果。分析結果顯示，在控制學生性別、就讀學院與居住地區後，申請助學金與參與高教深耕計畫均顯著為負。表示助學金的協助與參與高教深耕計畫，均顯著的降低經文不利生退學的機率。

表2　Cox迴歸模型估計結果

105學年度入學之經文不利生估計結果			
	係數	標準誤	p值
參與高教深耕計畫	-1.571	1.034	0.129
申請助學金補助	-1.851	0.607	0.002**
樣本數	352		
觀察值個數	2687		
Log likelihood	-191.111		
106學年度入學之經文不利生估計結果			
	係數	標準誤	p值
參與高教深耕計畫	-2.388	1.020	0.019**
申請助學金補助	-1.770	0.612	0.004***
樣本數	287		
觀察值個數	1677		
Log likelihood	-151.286		

註：
1：Cox估計模型中，解釋變數均已控制學生之性別就讀學院與居住地區。
2：***代表1%的統計顯著性；**代表5%的統計顯著性；*代表10%的統計顯著性。

伍、結論與建議

　　諾貝爾經濟學獎得主Stiglitz（2013）指出，當父母的財富、教育與所得，不再是決定子女財富的首要因素時，表示分配更為公平、機會日益均等，經濟才會有更高的生產力與效率。

　　就高等教育的人才培育來說，招募來自不同背景、文化、社經的學生，對於 校園多元化、培育學生的多元觀點與尊重差異的包容力相當的重要。若經文不利生因個人家庭或環境因素而被排除於高等教育之外，將使得教育機會均等與促進社會流動淪為口號，教育遂成為社會階層再製的工具。本文利用個案大學105與106學年度入學之新生為分析對象，探討近年助學金與高教深耕計畫執行，對於經文不利生就學的影響。

　　本文的研究結果顯示，105及106學年度入學的一般生或經文不利生，前2個學期退學的比率都不高，但至第3個學期，在學率均會出現第一波劇烈的下降幅度，其後，各學期雖然均有部份的學生退學，但皆沒有第三個學期的下降幅度劇烈。因此，即早於一年級下學期便開始關心學生之學習狀況，可能係學校維持整體就學穩定度較佳的介入時間點。

　　本研究進一步將學生以參與的助學措施分類，做一初步觀察。發現在不同入學年度的學生中，均有經文不利生係未參與任何助學或勵學措施的。這群學生在退學比率上明顯的高於其他學生。顯示，在未有任何外在資源的協助下，這些學生可能無法自行突破家庭社經背景的限制順利取得學位。因此，透過每個學期盤點經文不利生參與助學措施的比率，即早發現需協助之學生，可能是協助經文不利生穩定就學甚至順利畢業，重要的方式之一。

　　最後，本文利用具時間相依共變數的Cox 模型探討助學與勵學計畫對經文不利生持續就學的影響。本研究發現申請助學金計畫顯

著的降低了105與106學年度入學的經文不利生退學的機率；而參與高教深耕計畫，顯著的降低了106學年度入學的經文不利生退學的機率。亦即，助學與勵學措施在某種程度上，對於經文不利生完成就學具有保護的作用，透過外在資源的協助，將有助於這些學生突破家庭社經背景或環境的限制順利取得學位。

任何的研究均有限制，本文亦不例外。首先，由於本研究僅以單一個案學校之學生為研究樣本，加上其招收學生的地域性多集中於桃竹苗地區，此部份可能影響了結論向外推廣的可能。其次，由於資料的限制，本研究僅以學生的退學做為計畫執行的成效指標，雖然此部份與教育部希冀透過計畫的執行，協助經文不利生安心就學、順利完成學業的目標相符。但未來研究針對此議題進行探討時，可再進一步嘗試以證照達成率、學分達成率等，與學生學習相關之指標做更深入的探討。最後，本研究針對高教深耕勵學措施對經文不利生順利就學之成效分析，主要係以是否參與勵學措施進行衡量，未來研究可進一步探討不同之勵學方案或獎勵金額下，影響效果之程度差異。

參考文獻

教育部（2020a）。**大專校院弱勢學生助學計畫「助學金」成效**。http://stats.moe.gov.tw/files/important/OVERVIEW_F04.pdf

教育部（2020b）。109教育部大專助學措施手冊。http://www.life.fcu.edu.tw/wSite/public/Attachment/f1597714448243.pdf

教育部統計處（2020a）。**各級教育學齡人口淨在學率**。https://stats.moe.gov.tw/qframe.aspx?qno=MgA3AA2

教育部統計處（2020b）。**各教育階段學生數預測報告**。https://depart.moe.edu.tw/ed4500/News_Content.aspx?n=48EBDB3B9D51F2B8&sms=F78B10654B1FDBB5&s=8E751C15DB8BE44C

宋佩芬（2016）。扶助弱勢學生學習：教師教學信念與教學取向之探究。**嘉大教育研究學刊**，**37**，149-180。

侯雅雯（2017）。〔大專校院弱勢學生助學計畫〕之省思。**臺灣教育評論月刊**，**6**（6），17-20。

黃儒傑（2018）。經濟弱勢學生目標設定，認知負荷與學習意志力之研究：以台北市與新北市國小為例。**教育心理學報**，**49**（3），391-411。

董馨梅（2015）。《大專校院弱勢學生助學計劃》之研究。**市北教育學刊**，**52**，63-84。

廖錦文、鄭博文（2019）。經濟弱勢學生學習態度與學業表現之縱貫研究。**教育實踐與研究**，**32**（1），71-106。

潘世尊（2017）。大學生弱勢助學措施合宜性與可能方式。**臺灣教育評論月刊**，**6**（6），6-8。

潘玉龍（2017）。臺灣原住民學生在高等教育就學現況之評析。**臺灣教育評論月刊**，**6**（6），9-16。

謝孟穎（2003）。家長社經背景與學生學業成就關聯性之研究。**教育研究集刊**，**49**（2），255-287。

謝志龍（2018）。家庭生命事件與人類動力對於貧窮少年學業表現的影響：以臺灣兒童暨家庭扶助基金會經濟扶助對象為例。**當代教育研究季刊**，**26**（2），25-72。

Becker, G. (1964). *Human Capital.* The University of Chicago Press.

Brighouse, H., & Swift, A. (2006). Equality, priority, and positional goods. *Ethics, 116*(3), 471-497.

Brighouse, H., & Swift, A. (2008). Putting educational equality in its place. *Education Finance and Policy, 3*(4), 444-466.

Brighouse, H., & Swift, A. (2009). Educational equality versus educational adequacy: A critique of Anderson and Satz. *Journal of applied philosophy, 26*(2), 117-128.

Brand, J. E., & Xie, Y. (2010). Who benefits most from college? Evidence for negative selection in heterogeneous economic returns to higher education. *American sociological review, 75*(2), 273-302.

Bloome, D., Dyer, S., & Zhou, X. (2018). Educational inequality, educational expansion, and intergenerational income persistence in the United States.

American Sociological Review, 83(6), 1215-1253.

Donnelly, M. (1987). At-risk students. ERIC Digest, 21. (ERIC Document Reproduction Service, No, ED292172)

Koski, W. S., & Reich, R. (2007). When adequate isn't: The retreat from equity in educational law and policy and why it matters. *Emory Law Journal, 56*(3), 545–617.

Lucas, S. R. (2001). Effectively maintained inequality: Education transitions, track mobility, and social background effects. *American journal of sociology, 106*(6), 1642-1690.

Pew Research Center. (2014), *Emerging and developing economies much more optimistic than rich countries about the future.* https://www.pewresearch.org/global/2014/10/09/emerging-and-developing-economies-much-more-optimistic-than-rich-countries-about-the-future/

Mahuteau, S., & Mavromaras, K. (2014). An analysis of the impact of socio-economic disadvantage and school quality on the probability of school dropout. *Education Economics, 22*(4), 389-411.

Solomon, B. (1976). *Black empowerment: Social work in oppressed communities.* Columbia University Press.

Swift, A. (2003). *How not to be a hypocrite: School choice for the morally perplexed parent.* Routledge.

羅耀宗（譯）（2013）。**不公平的代價：破解階級對立的金權結構**（原作者：J. E. Stiglitz）。天下雜誌。（原著出版年：2012）

學生系所滿意度模型
——以淡江大學為例

淡江大學教育科技學系助理教授
鍾志鴻

淡江大學校務研究中心主任
張德文

淡江大學校務研究中心研究助理
曾于庭

壹、緒論

一、研究背景

　　校務滿意度調查一直以來都是每個高等教育學校非常重視的例行性作業之一，其中每學年度幾乎所有學校，都會進行學生滿意度調查報告，以利瞭解與制定未來系所發展和改進的依據，然而絕大部分的調查結果，都只是一般性敘述統計分析或是對於單一系所進行調查研究，對於全面性的規劃和制訂全校性的教育政策，實質上有一定的困難度，尤其是資訊整合和全面性考量，並且對於一般行政或是教學單位也是難以利用系統化思考來規劃未來的整體策略，因為大部分的單位只會專注於自己的系所或是部門為主，所以

不論是系所助理或是教師，若只是單純地察看描述性統計得結果，也只能給予簡單的結論，甚至無法了解調查報告的真正意涵。例如來說，若是學生對於設備滿意度顯示低落，因此就先以購買設備為優先考量因素，但是事實上，設備可能並非影響滿意度最大的因素，因此即使優先改善設備問題，也可能無法有效果地改善系所滿意度，因為學生有可能對於學校所提供的資訊設備或是軟體並不熟悉，因此若是能夠改善這個缺失，系所或是學校也就不需要花費不必要的支出，也就是因為如此，我們需要一種容易理解的資料模型來解讀，有哪些主要的因素會影響學生對於系所滿意度，以及它們彼此之間的關聯性才能夠更容易理解和規劃教育政策與策略執行方案，而且對於學校來說，也可以整體系統化的概念來考量如何實施改善計畫，這些概念也跟系統動力學的概念相互的呼應（陳美智，2009），因此淡江大學校務研究中心就針對這個研究議題進行探討，並將結果提供給各級單位進行檢討以利未來校務發展規劃之參考。

綜觀台灣各大學，對於學生滿意度問卷都有各自的量表，並且將其視為學校品質管理的一環，不過對於學生滿意度問卷大多數都是以長卷的模式為主，其實對於學生來說，填寫攏長的問卷，都會造成一定信效度偏差，但是當題目題數減縮太多時，卻無法有效反映學生意見和滿意度，而且對於題目眾多的長卷來說，每當要提出改善計畫或是規劃未來系所發展時，這也是系所助理或是教師們最頭痛的時候，雖然問卷題項非常多元，但也因為如此，我們難以很快速的了解整體的大方向，對於學校或是學生有都是不樂見的情形。

二、研究目的與問題

因此本研究的目的將針對108學年度所收集來的長卷內容進行探索性的因素分析，來萃取主要的構面以及良好信效度的題項加以

保留，以利未來規劃問卷之參考，並且利用偏最小平方結構方程式模組（PLS-SEM）進行主要因素對於系所滿意度之關聯性，其結果將有助於學校校務發展，因此本研究提出以下研究問題，並且利用探索性因素分析，解釋研究構面和效度，並以PLS-SEM探討各主要構面之間的關係。為了瞭解學生對於校務行政規劃與學生系所滿意度之間的關係，本研究提出以下研究問題：

1. 有哪些重要因素會影響學生系所滿意度？
2. 這些主要因素之間的關聯性以及中介變數之間的效果為何？
3. 這些主要因素之對於影響系所滿意度的重要績效表現為何？
4. 這些主要因素是否在不同群組有不同的效果？

貳、文獻探討

　　為了解學生滿意度模型研究與發展，本研究針對學生滿意度模型、校園硬體資源以及校園多媒體服務、三化教育（大學形象），以及生活輔導與學生組織進行文獻探討並依據文獻探討內容提出假設。

一、學生滿意度模型

　　學生滿意度常用於評鑑與設計課程的衡量指標之一（Fredericksen et al., 1999; Johnston et al., 2005; Zhu, 2012），根據文獻來說，學生滿意可以有兩個方面來構思，一是顧客滿意度，另一種為學生對於課程學習的滿意度，本篇研究主要在於了解系所發展的概念，因此朝向顧客滿意度來進行文獻探討，關於學生滿意度也可以稱為學生對於在學期間對於求學的經驗以及對於學校相關教育服務的感受，其中包含學生對於系上對於授課的安排、師生的互動與以及生活或

是職涯的輔導等（Teeroovengadum et al., 2019; Weerasinghe & Fernando, 2017）。因此本研究針對學生對於教育服務上的感受進行文獻探討。在學生系所滿意度模型中，大部份文獻都談論到學生的對於學校資訊服務、校園組織、生活輔導、教育宣導、校園設備資源等，並且依據因此本研究針對以下議題進行探討。MacFarland（2000）提出從學校行政管理的角度來探討學生滿意度的問卷，並歸納出五個構面：教職員、學術課程、行政管理、圖書館與資訊服務及學生服務。Martirosyan（2015）提出了學生滿意度模型，學生支持設備（如資訊服務或是圖書館等）、學術經驗、教職員服務、校園生活與社群整合、學生背景這些主要變數都會正面地影響學生滿意度，由於本研究為利用校務資料庫已收集之問卷資料進行分析研究，因此配合學校之學生滿意度調查問卷資料，提出了五個主要因素：校園硬體資源、學生組織、三化教育、校園多媒體服務及校園生活輔導。以下針對這五個主要的因素進行探討並提出假設。

二、校園硬體資源以及校園多媒體服務

對於現今的高等教育來說，若是能夠提供好的校園硬體資源將能夠提升學生的忠誠度以及滿意度，這也被許多的研究加以證實（Hemsley-Brown et al., 2010）。許多的研究也通過發展的新模型和理論來證實校園硬體資源的重要性（Aldridge & Rowley, 1998; Alves & Raposo, 2007; de Lourdes Machado et al., 2011）。對於校園硬體資源以及多媒體服務來說，尤其網路資訊和圖書館服務，對學生在求學過程中，對於學生的學習成效有著重要影響。校園硬體資源以及資訊多媒體服務與學生滿意度之間關係有個很重要的正面影響關係（Arambewela et al., 2006; Martirosyan, 2015; Sigala et al., 2006）。Mavondo、Tsarenko和Gabbott（2004）的研究針對530名國際和本地學生的大學生進行調查研究，結果顯示，本地學生的滿

意度與學生導向、學生服務、圖書館服務和教學品質有著很顯著地正面影響。

三、三化教育（大學教育理念）

淡江大學三化教育視為學校的核心理念和形象，分別為資訊化、未來化以及國際化，而對於大學形象來說，這是對於學生在求學過程中累積的學習經驗，並且牢固地嵌入在學生的思想之中，也是對於一所大學的感知印象。根據Cassel和Eklöf（2001）所做的研究，大學的形象始終是影響學生滿意度的最大影響變數之一。Alves和Raposo（2007）也有相似的結論，大學形象對學生的滿意度和忠誠度都有直接和間接的正向影響，並且也會對於校園的服務和其他印象有所影響，而三化教育為淡江大學特有之理念，對於其他學校來說，可以被視為針對大學形象或是教育理念之政策。

四、生活輔導與學生組織

校園生活輔導也是為學生滿意度的重要影響因素之一（Schertzer & Schertzer, 2004）。當學生有效地的融入校園生活就能夠提升其學習的效率（Astin,1999），其中學生導向的學生組織也是提升學生對於學生滿意度的重要因素之一（Mavondo et al., 2004），因此對於學校的學生組織也就成了重要的因素之一。並且對於學校的形象以及校園服務和生活有所影響。對於學生自治組織，長期來說，應為密切合作以及學生對於學校政策的良好溝通管道，然而這幾年經由台灣新聞的報導，反而塑造了學生組織與學校對立的角色，但是相反的是，學生組織卻是能夠幫助有效推廣教育政策的重要推手，因此對於本研究來說，我們將假設學生組織對於三化教育、校園生活輔導、校園硬體資源、以及系所滿意度有所影響。

五、研究架構與假設

　　基於上述之文獻探討，針對五個主要因素（校園硬體資源、學生組織、三化教育、校園多媒體服務及校園生活輔導）進行討論，並且綜觀以上探討結果，本研究提出以下假設，並且這些假設在不同的校別與年級群組之下有不同的效果：

H1：　學生組織對於三化教育有正向的影響。

H2：　學生組織對於校園生活輔導有正向的影響。

H3：　學生組織對於校園硬體資源有正向的影響。

H4：　學生組織對於學生系所滿意度有正向的影響。

H5：　三化教育對於校園硬體資源有正向的影響。

H6：　三化教育對於校園多媒體服務有正向的影響。

H7：　三化教育對於校園生活輔導有正向的影響。

H8：　校園硬體資源對於校園生活輔導有正向的影響。

H9：　校園硬體資源對於學生系所滿意度有正向的影響。

H10：校園多媒體服務對於校園硬體資源有正向的影響。

H11：校園多媒體服務對於校園生活輔導有正向的影響。

H12：校園多媒體服務對於學生系所滿意度有正向的影響。

H13：校園生活輔導對於學生系所滿意度有正向的影響。

參、研究方法

　　本研究採用次級資料問卷調查法，於108學年度收集到有效問卷3037份，並經由校務研究中心資料庫進行萃取，其中由於遺漏值少於2%，因此將其遺漏值去除，因此本研究只針對已收集之問卷資料進行分析，並採用探索性因素分析（EFA）來找探究主要因素及以瞭解各量表之因素結構，結果指出變數分別為三化教育、學生

組織、校園生活輔導、校園硬體資源、校園多媒體服務，以及學生系所滿意度，並利用偏最小平方—結構方程式模組（PLS-SEM）進行，以及利用重要績效分析法。

本研究採用偏最小平方法結構方程式模組（PLS-SEM）來進行分析，PLS-SEM在於預測或解釋目標構面，使用估計程序，並以迴歸為基礎的普通最小平方法，PLS-SEM須要預先設定好的內因和外衍變項、內因變相之間的關係，模型在使用時，能夠針對衡量資料、模型特性、估算法及模式評估等議題進行分析（Ringle et al., 2012），並且PLS-SEM非常適合發展複雜形式的模型，且能夠得好的模型適配度（Hair Jr et al., 2017），另外，PLS-SEM主要為檢測因果關係是否具有統計上顯著的相互的線性關係，因此非常適合進行理論模型的建置與發展，而對於本研究來說，發展模型與探討主要因素之間的關係為主要目的，因此根據上述優點，故本研究採用PLS做為學生系所滿意度模型之發展與分析。

一、問卷工具及參與學生

本研究所採用之問卷為108學年度淡江大學學生系所滿意度問卷共78題，其中59題針對校務行政及系所教學政策進行詢問，19題針對各學校處室滿意度進行詢問，問卷為李克特五點量表，本研究主要目的於探索學生系所滿意度之關聯性，因此只針對59題進行分析，以下圖1、圖2、圖3為參與學生描述性統計資料。圖1為108學年度各學院學生人數填寫問卷分布情形，以商管學院學生填寫人數最多，其次為工學院，本校108學年度學生人數也以商管學院與工學院人數最多，圖2為108學年度學生各學制填寫問卷分布情形，並以日間部為最多數，最後圖3為大學日間部學生各年級填寫問卷分布情形，其中以二年級填寫比例最少。

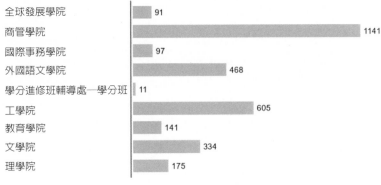

圖1　學生各學院長條圖

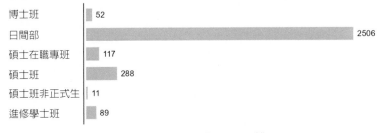

圖2　學生各學制長條圖

圖3　大學日間部學生各年級長條圖

二、信度效度分析

根據EFA結果指出整體問卷信度大於 .8以上，KMO和Bartlett檢定為顯著，並變異數總體解釋度為83.86%，因此能夠進行探索性因素分析，經過萃取以及利用均等最大法轉軸過後的結果指出，主要有六個構面，依共同因子性質將六個主要構面分別命名為：三化教育、學生組織、校園生活輔導、校園硬體資源、校園多媒體服務，以及依變數為系所滿意度，再將不具結構性（因素loading值小於建議值.5）之問項刪除後，保留41題（如表1所示）。

表1　探索性因素分析刪題後結果

題項	構面題項	loading
[45.我對班級之同儕互動]	系所滿意度1	.668
[46.我對系所之師生互動情形]	系所滿意度2	.659
[44.我對班級之學習風氣]	系所滿意度3	.652
[49.我對自己之整體學習成效]	系所滿意度4	.596
[41.我對授課教師之安排]	系所滿意度5	.594
[43.我對班級之導師輔導]	系所滿意度6	.591
[42.我對系所課程之安排]	系所滿意度7	.575
[48.我對自己之未來就業發展]	系所滿意度8	.570
[47.我對系所之就業之輔導]	系所滿意度9	.566
[40.我對系所行政服務之品質]	系所滿意度10	.520
[28.我對本校圖書館之空間與設備]	校園硬體資源1	.652
[29.我對本校圖書館之各項服務	校園硬體資源2	.644
[32.我對本校電腦教室之使用管理]	校園硬體資源3	.548
[38.我對本校電子郵件訊息之傳遞]	校園硬體資源4	.536
[26.我對本校校園環境之美化與維護]	校園硬體資源5	.522
[11.我對本校運動設施與器材之提供]	校園硬體資源6	.516
[14.我對本校課程與成績查詢系統之使用]	校園硬體資源7	.511
[17.我對本校提供之心理輔導]	校園硬體資源8	.511

題項	構面題項	loading
[12.我對本校體育場館之使用管理]	校園硬體資源9	.506
[6.我對全校學生自治組織－學生議會之運作]	學生組織1	.807
[5.我對全校學生自治組織－學生組織之運作]	學生組織2	.807
[39.我對本校淡江時報訊息之傳遞]	學生組織3	.518
[2.我對本校推動資訊化之成效]	三化教育1	.633
[3.我對本校推動國際化之成效]	三化教育2	.599
[7.我對本校整體行政服務之品質]	三化教育3	.591
[1.我對本校辦學目標與理念之宣導]	三化教育4	.585
[8.我對本校之整體形象]	三化教育5	.572
[4.我對本校推動未來化之成效]	三化教育6	.564
[23.我對本校提供之獎助學金機會]	校園生活輔導1	.717
[24.我對本校提供之工讀機會]	校園生活輔導2	.696
[18.我對本校提供之住宿輔導]	校園生活輔導3	.554
[22.我對本校提供之職涯輔導]	校園生活輔導4	.549
[21.我對本校提供之社團活動輔導]	校園生活輔導5	.533
[20.我對本校提供之生活輔導]	校園生活輔導6	.525
[30.我對本校資訊網路之品質]	校園多媒體服務1	.812
[33.我對本校教室內多媒體設備]	校園多媒體服務2	.604
[25.我對本校教室內環境]	校園多媒體服務3	.546
[31.我對本校資訊系統之使用]	校園多媒體服務4	.542
[37.我對本校視訊媒體訊息之傳遞]	校園多媒體服務5	.520
[34.我對本校外語學習環境之營造]	校園多媒體服務6	.510
[27.我對本校校園安全之管理]	校園多媒體服務7	.508

三、PLS-SEM分析

　　利用Smart PLS 3.0進行PLS-SEM以探討學生事務輔導、三化教育、校內資源、以及系所滿意度之關連，及各因素之間的因果關係。對於PLS-SEM分析結果，各項構面之平均變異量（AVE）

結果需大於.5以上，因素負荷量大於.5以上，組合信度（Construct Reliability, CR）大於.7以上，若是各項參數符合以上條件，本研究提出之理論模式將具有統計顯著性參考價值（Hair et al., 2014a），並透過模型檢測刪除VIF大於5之題項（如表2所示）。表3為區別效度檢驗，對角線為AVE的開根號值，非對角線為構面之間的相關係數，其中各AVE值若大於水平列或是垂直欄所顯示之相關係數，即代表具備區別效度，因此本研究所提出之模型具備良好的區別效度。

表2 Loading值、組合信度與平均變異量

構面	題項	Loading	Cronbach's Alpha	rho_A	CR	AVE
三化教育	Q2	0.935	0.936	0.936	0.959	0.886
	Q3	0.948				
	Q4	0.941				
學生組織	Q39	0.905	0.745	0.752	0.887	0.796
	Q5	0.88				
校園生活輔導	Q18	0.842	0.932	0.937	0.947	0.748
	Q20	0.916				
	Q21	0.875				
	Q22	0.91				
	Q23	0.801				
	Q24	0.839				
校園硬體資源	Q28	0.901	0.911	0.912	0.938	0.79
	Q11	0.859				
	Q32	0.914				
	Q38	0.881				

構面	題項	Loading	Cronbach's Alpha	rho_A	CR	AVE
校園多媒體服務	Q27	0.857	0.821	0.846	0.893	0.736
	Q30	0.805				
	Q31	0.909				
系所滿意度	Q40	0.836	0.94	0.941	0.95	0.705
	Q42	0.874				
	Q43	0.847				
	Q44	0.843				
	Q45	0.852				
	Q47	0.845				
	Q48	0.783				
	Q49	0.832				

表3　區別效度

	三化教育	學生組織	校園生活輔導	校園硬體資源	校園多媒體服務	系所滿意度
三化教育	0.941					
學生組織	0.743	0.892				
校園生活輔導	0.8	0.811	0.865			
校園硬體資源	0.83	0.746	0.802	0.889		
校園多媒體服務	0.755	0.717	0.754	0.817	0.858	
系所滿意度	0.792	0.739	0.818	0.818	0.761	0.84

　　結果指出構面AVE皆大於.5，所以各構面具有收斂效度，並且結果也指出各構面之AVE值皆大於各構面之間的相關係數，即代表各構面之間有區別效度，最後各構面之CR都大於.7以上，因此各構面擁有內部一致性且有良好的信度支持，因此本研究提出之理論模式具有研究上的統計顯著性參考價值。在本研究之結構模型如下（如表4、圖4及圖5所示），根據PLS-SEM分析結果得知，「校

園生活輔導」其R2構面解釋力為76.9%，其自變項「學生組織、三化教育、校園硬體資源、校園多媒體服務」之路徑標準化係數為.332**、.265***、.368***以及.138***。「三化教育」其R2構面解釋力為55.2%，其自變項「學生組織」之路徑標準化係數為.748***。「校園硬體資源」其R2構面解釋力為78.3%，其自變項「學生組織、三化教育、校園多媒體服務」之路徑標準化係數為.158***、.422***，以及.384***。「校園多媒體服務」其R2構面解釋力為64.2%，其自變項「學生組織、三化教育」之路徑標準化係數為.368***，以及.480***。「系所滿意度」其R2構面解釋力為75.9%，其自變項「校園生活輔導、三化教育、校園硬體資源、及校園多媒體服務」之路徑標準化係數分別為.367***、.175***、.272***、及.126***。

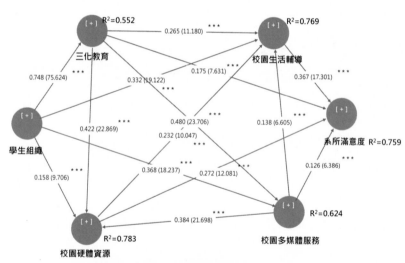

圖4　PLS-SEM模型結果 (***p<.001.)

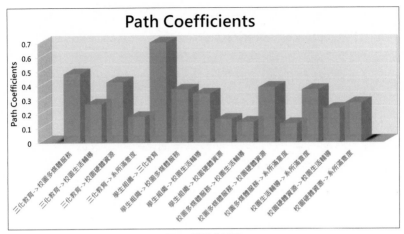

圖5　路徑效果值

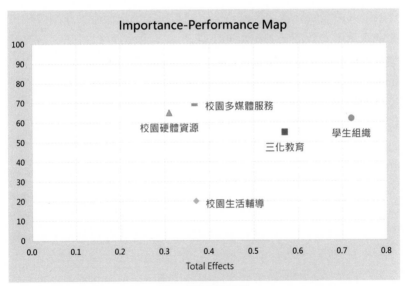

圖6　重要績效分析

學生組織雖然沒有直接影響系所滿意度，然而卻會正面的間接影響，其中對於校園生活輔導直接影響最大，其餘因素都會對於系所滿意度有直接的正面影響。為了解個因素對於系所滿意度之重要績效，本研究也利用SmartPLS 3.0進行重要績效分析方法，結果指出學生組織最為重要，然而績效相較於其他因素卻是偏低，意即有很大的空間可以改進，其次為三化教育、校園多媒體服務、校園硬體資源，以及校園生活輔導，而校園生活輔導的績效也是呈現偏低的狀態，最後這些因素重要性（total effect）都大於.1，因此都是呈現統計上的顯著性（如圖6所示）。

四、中介效度

　　本研究為了解個變數之關係，是否擁有中介效度以利幫助校務或是系所發展計畫之規畫，本研究將所提出之模型，藉由拔靴法檢定多重中介效果，其結果如下表所示，由表4可以得知，全部都為顯著，但有三個中介效果不顯主，由於VAF小於20%，依據Hair、Hult、Ringle和Sarstedt（2014b）所發表之書籍，VAF<20% 為無中介效果，若VAF介於20%與80%之間為部分中介效果，當VAF大於80%時為完全中介效果。

1. 三化教育於學生組織與校園生活輔導的關係之間，為中介之角色，其間接效果值為0.147，t值為4.818，有統計上的顯著性。故假設成立，意即學生組織可以透過學校的三化教育的宣導與採用，以提升學生對於校園生活輔導的滿意程度。並且其VAF值有45.3%，代表三化教育具有部分的中介效果。
2. 校園多媒體服務於學生組織與校園生活輔導的關係之間，為中介之角色，其間接效果值為0.056，t值為5.98，有統計上的顯著性。故假設成立，意即學生組織可以透過學校的校園

多媒體服務採用，以提升學生對於校園生活輔導的滿意程度。然而其VAF值只有5.4%，代表校園多媒體服務只有微弱或沒有中介效果。

3. 三化教育於學生組織與校園多媒體服務的關係之間，為中介之角色，其間接效果值為0.472，t值為32.22，有統計上的顯著性。故假設成立，意即學生組織可以透過學校的三化教育的宣導與採用，以提升學生對於校園多媒體服務的滿意程度。並且其VAF值有62.02%，代表三化教育具有部分的中介效果。

4. 校園多媒體服務於學生組織與校園硬體資源的關係之間，為中介之角色，其間接效果值為0.139，t值為4.818，有統計上的顯著性。故假設成立，意即學生組織可以透過學校的校園多媒體服務採用，以提升學生對於校園硬體資源的滿意程度。並且其VAF值有76.37%，代表校園多媒體服務具有部分的中介效果。

5. 三化教育於學生組織與校園硬體資源的關係之間，為中介之角色，其間接效果值為0.332，t值為19.18，有統計上的顯著性。故假設成立，意即學生組織可以透過學校的三化教育的宣導與採用，以提升學生對於校園硬體資源的滿意程度。並且其VAF值有88.53%，代表三化教育具有完全中介效果。

6. 校園硬體資源於三化教育與系所滿意度的關係之間，為中介之角色，其間接效果值為0.145，t值為11.43，有統計上的顯著性。故假設成立，意即三化教育可以透過學校的校園硬體資源的宣導與應用，以提升學生對於系所滿意程度。並且其VAF值有42.15%，代表校園硬體資源具有部分的中介效果。

7. 校園生活輔導於三化教育與系所滿意度的關係之間，為中介之角色，其間接效果值為0.145，t值為11.43，有統計上的顯著性。故假設成立，意即三化教育可以透過學校的校園生活

輔導的宣導，以提升學生對於系所滿意程度。然而其VAF值只有17.15%，代表校園生活輔導不具有中介效果。

8. 校園多媒體服務於三化教育與系所滿意度的關係之間，為中介之角色，其間接效果值為0.11，t值為6.32，有統計上的顯著性。故假設成立，意即三化教育可以透過學校的校園多媒體服務的宣導與應用，以提升學生對於系所滿意程度。然而其VAF值有35.59%，代表校園多媒體服務具有部分的中介效果。

9. 校園硬體資源於三化教育與校園生活輔導的關係之間，為中介之角色，其間接效果值為0.118，t值為9.58，有統計上的顯著性。故假設成立，意即三化教育可以透過學校的校園多媒體服務的宣導與應用，以提升學生對於校園生活輔導滿意程度。然而其VAF值有38.06%，代表校園硬體資源具有部分的中介效果。

10. 校園多媒體服務於三化教育與校園生活輔導的關係之間，為中介之角色，其間接效果值為0.12，t值為6.73，有統計上的顯著性。故假設成立，意即三化教育可以透過學校的校園多媒體服務的宣導與應用，以提升學生對於校園生活輔導滿意程度。然而其VAF值有38.4%，代表校園多媒體服務具有部分的中介效果。

11. 校園多媒體服務於三化教育與校園硬體資源的關係之間，為中介之角色，其間接效果值為0.297，t值為21.68，有統計上的顯著性。故假設成立，意即三化教育可以透過學校的校園多媒體服務的宣導與應用，以提升學生對於校園硬體資源滿意程度。然而其VAF值有40.68%，代表校園多媒體服務具有部分的中介效果。

12. 校園多媒體服務於校園多媒體服務與校園生活輔導的關係之間，為中介之角色，其間接效果值為0.131，t值為9.84，有統計上的顯著性。故假設成立，意即三化教育可

以透過學校的校園多媒體服務的宣導與應用，以提升學生對於校園生活輔導滿意程度。然而其VAF值有40.18%，代表校園多媒體服務具有部分的中介效果。

13. 校園多媒體服務於校園多媒體服務與系所滿意度的關係之間，為中介之角色，其間接效果值為0.161，t值為11.29，有統計上的顯著性。故假設成立，意即三化教育可以透過學校的校園多媒體服務的宣導與應用，以提升學生對於系所滿意程度。然而其VAF值有47.35%，代表校園多媒體服務具有部分的中介效果。

14. 校園生活輔導於校園硬體資源與系所滿意度的關係之間，為中介之角色，其間接效果值為0.06，t值為6.31，有統計上的顯著性。故假設成立，意即三化教育可以透過學校的校園生活輔導的宣導與應用，以提升學生對於系所滿意程度。然而其VAF值只有15.18%，代表校園生活輔導不具有或是只有微弱的中介效果。

由上述結果得知，三化教育、校園多媒體服務以及校園硬體資源扮演著重要的中介變數，並且對於數個自變數有部分中介效果，因此學校可以藉由表5來制定相關策略來提升各項滿意度，例如學校可以提升或是幫助學生對於學生組織滿意，並且透過與三化教育以及校園多媒體服務來提升學生對於校園生活輔導的滿意度程度，當校園生活輔導的滿意度持續增加，系所滿意度也能夠有相對的提升。

表4　中介效果

自變數	中介變數	依變數	直接效果	間接效果	整體效果	VAF	假設
學生組織	三化教育	校園生活輔導	0.306 (6.301)***	0.147 (4.81)***	0.453	32.45	成立
學生組織	校園多媒體服務	校園生活輔導	0.306 (6.302)***	0.056 (5.98)***	0.362	5.46	成立

自變數	中介變數	依變數	直接效果	間接效果	整體效果	VAF	假設
學生組織	三化教育	校園 多媒體服務	0.289 (16.332)***	0.472 (32.22)***	0.761	62.02	成立
學生組織	校園 多媒體服務	校園 硬體資源	0.043 (2.772)***	0.139 (13.06)***	0.182	76.37	成立
學生組織	三化教育	校園 硬體資源	0.043 (2.773)***	0.332 (19.18)***	0.375	88.53	成立
三化教育	校園 硬體資源	系所滿意度	0.199 (7.188)***	0.145 (11.43)***	0.344	42.15	成立
三化教育	校園 生活輔導	系所滿意度	0.199 (7.189)***	0.042 (3.58)***	0.241	17.42	成立
三化教育	校園 多媒體服務	系所滿意度	0.199 (7.190)***	0.11 (6.32)***	0.309	35.59	成立
三化教育	校園 硬體資源	校園 生活輔導	0.192 (4.994)***	0.118 (9.58)***	0.31	38.06	成立
三化教育	校園 多媒體服務	校園 生活輔導	0.192 (4.995)***	0.12 (6.73)***	0.312	38.46	成立
三化教育	校園 多媒體服務	校園 硬體資源	0.433 (20.961)***	0.297 (21.68)***	0.73	40.68	成立
校園 多媒體服務	校園 硬體資源	校園 生活輔導	0.195 (6.733)***	0.131 (9.84)***	0.326	40.18	成立
校園 多媒體服務	校園 硬體資源	系所滿意度	0.179 (6.665)***	0.161 (11.29)***	0.34	47.35	成立
校園 硬體資源	校園 生活輔導	系所滿意度	0.335 (12.889)***	0.06 (6.31)***	0.395	15.18	不成立

*** $p<.001$.

五、多群組分析

　　本研究針對性別以及年級進行多群組分析，對於性別部分，相較於男性來說，女性的學生組織滿意度對於校園多媒體服務呈現比男性還低的影響，並且校園多媒體服務對於校園硬體資源影響度也為相同比男性同學低，因此可以合理推論，應該需要與學生組織進行合作並積極推廣，提供女性同學熟悉校園多媒體服務項目，以

利提升校園硬體資源的滿意度，進而間接影響系所滿意度（表5所示）。

表5　性別比較

	路徑係數-差異	原始p值	新p值
學生組織→校園多媒體服務	-0.068	0.982	0.035
校園多媒體服務→校園硬體資源	-0.097	0.994	0.012

　　對於年級比較只針對有顯著部分進行說明，其中二、三年級比較以及三、四年級比較沒有顯著差異。由表6、表7、表8所示，一年級對二年級、三年級、及四年級以上比較，三化教育對於系所滿意度的影響都較二、三、四年級還高，因此對於三化教育的宣導和政策對於大一新生是有很大幫助，然而對於二、三、四以上年級來說，卻比大一新生還要低，並且有統計上顯著性的差異，這些都是需要考量的地方，而相對的校園生活輔導及校園多媒體服務對於系所滿意度的影響都是一年級比其他年級還要低，這也合乎一般常理，低年級需要時間來熟悉和認識校園的資訊服務和體驗校園，不過由於經由統計上的分析結果，一年級與其他年級都有統計上的顯著性差異，所以對於大一新生來說，校園生活輔導以及校園多媒體服務是需要強化宣導和改善以利提升學生的系所滿意度。

表6　一年級及二年級比較

	路徑係數-差異	原始p值	新p值
三化教育→系所滿意度	0.165	0.013	0.026
校園生活輔導→系所滿意度	-0.115	0.976	0.048
校園多媒體服務→系所滿意度	-0.155	0.983	0.033

表7　一年級及三年級比較

	路徑係數-差異	原始p值	新p值
三化教育→系所滿意度	0.212	0.001	0.002
校園生活輔導→系所滿意度	-0.178	0.998	0.004

表8　一年級及四年級比較

	路徑係數-差異	原始p值	新p值
三化教育→校園硬體資源	0.129	0.005	0.01
三化教育→系所滿意度	0.207	0.004	0.008
校園生活輔導→系所滿意度	-0.262	1	0
校園多媒體服務→校園硬體資源	-0.154	0.999	0.002

　　二年級與三年級、三年級與四年級並無顯著性的差異，因此只呈現表9進行探討，表9為二年級與四年級之比較結果，其中可以看出，學生組織、校園生活輔導、校園多媒體服務，四年級都比二年級還要高，並且有統計上的顯著性差異，這也呼應了一般常理，學生組織漸漸熟悉校園的資訊服務，不過我們也可以從另一個角度來探討，是否學生組織、校園生活輔導、校園多媒體服務的政策都較適合高年級的學生，但是這種情況就必須要更進一步的深入探討。

表9　二年級及四年級比較

	路徑係數-差異	原始p值	新p值
學生組織→三化教育	-0.047	0.976	0.049
校園生活輔導→系所滿意度	-0.147	0.99	0.02
校園多媒體服務→校園硬體資源	-0.157	0.997	0.006
校園多媒體服務→系所滿意度	0.194	0.003	0.007

肆、討論與結論

　　本研究採用次級資料分析法，由於每個學年度學生滿意度的問卷有經過編修以及每學年度學生看法不同之因素，我們依據每個學年度採用EFA及PLS-SEM進行統計分析，研究結果根據分析結果指出組合信度、建構效度、以及平均變異抽取量都達到標準（Hair et al., 2014a），因此本研究提出之理論模式能有效地解釋影響學生系所滿意度之重要因素關係。依據本研究的結果，學生組織雖然沒有直接影響系所滿意度，然而卻直接影響了學生對於其他因素，因此許多的學校對於學生組織組織有不同的想法，甚至對於學生組織給予較少的關注，但是基於本次的研究，我們可以看出，對於學生組織的經營對於學校教育政策和滿意度的宣傳有一定的正面影響，這也呼應了（Mavondo et al., 2004）以及Martirosyan（2015）之研究，學生組織社群對於學生滿意度有正面的影響程度，不過在本研究中，學生組織並不會直接影響學生系所滿意度，而是間接影響。

　　表10呈現本研究共提出十三項假設，其中H4沒有統計上的顯著效果，其餘假設都有統計上的顯著效果，並且都符合良好的模型適配度，擁有良好的統計信效度，關於中介效果分析，本研究透過拔靴法來檢定多重中介之效果，其分析結果，全部都為顯著，然而其中有三個中介效果並不顯著（VAF小於20%），在中介效果分析中，三化教育、校園多媒體服務以及校園硬體資源為重要的中介變數，並針對數個自變數擁有部分的中介效果，根據本研究之分析結果，學校應可以藉由這些主要因素之間的中介以及直接關係進行系統化的策略規劃，近而提升各項措施或是教育政策的滿意度，舉例而言，我們可以與學生組織進行良好溝通管道，並且輔導或是協助學生組織有良好的運行，以利學生對於學生組織的滿意度提升，因此當我們透過學生組織宣導教育政策時，就會有非常好的獲益效

果，並且經由三化教育以及校園多媒體服務來有效提升學生校園生活輔導的效應，因此當學生對於校園生活輔導的滿意度提升，相對的，系所滿意度也就能夠有效的提升。

表10　假設摘要

編號	假設	成立與否
H1	學生組織對於三化教育有正向的影響。	成立
H2	學生組織對於校園生活輔導有正向的影響。	成立
H3	學生組織對於校園硬體資源有正向的影響。	成立
H4	學生組織對於學生系所滿意度有正向的影響。	不成立
H5	三化教育對於校園硬體資源有正向的影響。	成立
H6	三化教育對於校園多媒體服務有正向的影響。	成立
H7	三化教育對於校園生活輔導有正向的影響。	成立
H8	校園硬體資源對於校園生活輔導有正向的影響。	成立
H9	校園硬體資源對於學生系所滿意度有正向的影響。	成立
H10	校園多媒體服務對於校園硬體資源有正向的影響。	成立
H11	校園多媒體服務對於校園生活輔導有正向的影響。	成立
H12	校園多媒體服務對於學生系所滿意度有正向的影響。	成立
H13	校園生活輔導對於學生系所滿意度有正向的影響。	成立

　　對於多群組分析結果，關於性別的群組分析，男性學生的學生組織滿意度對於校園多媒體服務之影響呈現比女性學生還要高，因此若是與學生組織進行合作，並擁有良好的溝通以及積極共同推廣學校的校務政策，且提供女性同學熟悉校園多媒體服務項目，則女性同學將會有效提升校園硬體資源的滿意度，進而間接影響系所滿意度。本校三化教育之宣導和教育政策對於大一新生擁有較大的幫助，並且得到較高的學生滿意度，相較於二、三、四以上年級來說，卻比大一新生還要低的影響程度，這說明了，學校需要檢視對於三化教育的政策，是否對於大二以上的學生需要進行改善，而校園生活輔導及校園多媒體服務對於系所滿意度的影響，其他年級都

比一年級學生還要高，因此對於一年級學生來說，更需要學校的幫助來熟悉和認識校園的資訊服務和體驗校園。過去對於學校規劃推廣教育政策，絕大部分都是以校務會議討論或是學生反應進行改善，本研究所提出的學生系所滿意度模型，能夠系統化的規劃和考量各個資源的分配，和教育政策的推廣。對於其他學校而言，也能夠透過相同的研究方法來發展自身學校的學生系所滿意度模型。

最後我們可以經由上述的PLS-SEM分析得知，學生組織有一定的重要性，然而績效的表現也是良好，因此學生組織為重要的影響因素之一，學生組織的滿意度好與壞都會影響到學生對於學生各資源的好感度，也就是因為如此，我們更需要進行更進一步的了解，並與學生組織互相合作溝通，而學生校園輔導部分績效表現偏低，這也是需要加強改善之處。本校也對於三化教育非常重視，透過本研究結果也能夠了解三化教育對於其他主要因素有很高的正向影響程度，對於未來行政或是校務研究方面，本研究也能夠提供有用的建議和研究方向。總而言之，學校不應該只單純的投入設備的更新和宣傳，也需要考量有效的教育政策尤其是三化教育會對於學校的資訊硬體設備的感受，有很好的正面影響程度。

參考文獻

陳美智（2009）。高階管理政策研議：系統動力學方法論。**組織與管理，2**（1），145–196。

Aldridge, S., & Rowley, J. (1998). Measuring customer satisfaction in higher education. *Quality Assurance in Education.*

Alves, H., & Raposo, M. (2007). Conceptual model of student satisfaction in higher education. *Total Quality Management, 18*(5), 571–588.

Arambewela, R., Hall, J., & Zuhair, S. (2006). Postgraduate international students from Asia: Factors influencing satisfaction. *Journal of Marketing for Higher Education,*

15(2), 105–127.

Cassel, C., & Eklöf, J. A. (2001). Modelling customer satisfaction and loyalty on aggregate levels: Experience from the ECSI pilot study. *Total Quality Management, 12*(7–8), 834–841.

de Lourdes Machado, M., Brites, R., Magalhães, A., & Sá, M. J. (2011). Satisfaction with higher education: Critical data for student development. *European Journal of Education, 46*(3), 415–432.

Fredericksen, E., Swan, K., Pelz, W., Pickett, A., & Shea, P. (1999). *Student satisfaction and perceived learning with online courses-principles and examples from the SUNY learning network.*

Hair, J. F. Jr., Hult, G. T. M., Ringle, C., & Sarstedt, M. (2014a). A primer on partial least squares structural equation modeling (PLS-SEM). In *Long Range Planning* (Vol. 46, Issues 1–2). https://doi.org/10.1016/j.lrp.2013.01.002

Hair, J. F. Jr., Hult, G. T. M., Ringle, C., & Sarstedt, M. (2014b). *A Primer on Partial Least Squares Structural Equation Modeling (PLS-SEM)* (Vol. 46). https://doi.org/10.1016/j.lrp.2013.01.002

Hair Jr, J. F., Matthews, L. M., Matthews, R. L., & Sarstedt, M. (2017). PLS-SEM or CB-SEM: Updated guidelines on which method to use. *International Journal of Multivariate Data Analysis, 1*(2), 107–123.

Hemsley-Brown, J., Lowrie, A., Gruber, T., Fuß, S., Voss, R., & Gläser-Zikuda, M. (2010). Examining student satisfaction with higher education services. *International Journal of Public Sector Management.*

Johnston, J., Killion, J., & Oomen, J. (2005). Student satisfaction in the virtual classroom. *Internet Journal of Allied Health Sciences and Practice, 3*(2), 6.

Martirosyan, N. (2015). An examination of factors contributing to student satisfaction in Armenian higher education. *International Journal of Educational Management.*

Mavondo, F. T., Tsarenko, Y., & Gabbott, M. (2004). International and local student satisfaction: Resources and capabilities perspective. *Journal of Marketing for Higher Education, 14*(1), 41–60.

Ringle, C. M., Sarstedt, M., & Straub, D. (2012). A critical look at the use of PLS-SEM in MIS Quarterly. *MIS Quarterly (MISQ), 36*(1), iii–xiv. https://doi.

org/10.3200/JOEB.79.4.213-216

Schertzer, C. B., & Schertzer, S. M. (2004). Student satisfaction and retention: A conceptual model. *Journal of Marketing for Higher Education, 14*(1), 79–91.

Sigala, M., Christou, E., Petruzzellis, L., D'Uggento, A. M., & Romanazzi, S. (2006). Student satisfaction and quality of service in Italian universities. *Managing Service Quality: An International Journal.*

Teeroovengadum, V., Nunkoo, R., Gronroos, C., Kamalanabhan, T. J., & Seebaluck, A. K. (2019). Higher education service quality, student satisfaction and loyalty: Validating the HESQUAL scale and testing an improved structural model. *Quality Assurance in Education.*

Weerasinghe, I. S., & Fernando, R. L. (2017). Students' satisfaction in higher education. *American Journal of Educational Research, 5*(5), 533–539.

Zhu, C. (2012). Student satisfaction, performance, and knowledge construction in online collaborative learning. *Journal of Educational Technology & Society, 15*(1), 127–136.

大學生多元學習策略對其學習效能預測效果之探究

高雄醫學大學校務研究暨企劃辦公室助理研究員
魯盈讌

國立中山大學人力資源管理研究所博士後研究員
孫國瑋

高雄醫學大學校務研究暨企劃辦公室主任
李建宏

壹、前言

Erikson（1968）認為每個人在其一生當中，皆會歷經八個發展衝突與危機，而每個衝突的產生，都是內在心理需求與外在社會需求衝突所致。雖然我們在不同的學習階段中會面臨不同的挑戰與任務，但在不同學習歷程的轉換間倘若能找到適合自己的學習策略，發展出熟練的學習技巧，便能有效克服課業問題與生活難關，更能獲得知識與能力的成長。Super（1954）提及當個人試圖在課業學習中認識自己並在工作中找到自我定位時，大學經歷是一個重要的探索學習階段。大學生透過多元課程的修習與社團活動的參與，藉由不斷的學習體驗和興趣摸索找尋人生的方向，

對於其專業知識的培養以及未來工作興趣的發展將有極大的助益（Fatuhrahmah et al., 2020）。綜上所述，大學階段正好是銜接課業學習與培養未來工作能力的重要時期，也是尋找人生定位的轉捩點，在此重要的人生階段，學校若能提供學生多元的學習策略，幫助他們找到最合適的學習對策，將有助於他們增強自我效能感，實現人生目標。

1970年代後期，認知心理學派「訊息處理理論」的興起，學生的學習不再侷限於外在的學習成就訓練，開始重視學習者處理訊息時的內在反思和策略。1980年代以後，強調學習者後設認知能力的養成，藉由學習者對自我認知歷程的理解，進而監控反省自我所學以達到有效之學習效果。1990年代之後，隨著融合教育的興起，透過無障礙環境與學習輔具協助，輔以多元化支持性的策略以突破學習上的限制（Kirk et al., 2000）。Alexander等人（1998）將學習策略定義為：「學習者藉此提升其對學習內容的理解與改善學習表現的任何認知、學習技巧與行為表現」。學習策略的定義隨著研究的發展，目前已朝向將認知、後設認知以及動機理論進行統合，並以「自我調整學習」（self-regulated learning, SRL）的名稱加以深化探究（Panadero, 2017）。

本研究針對主要涉及的理論，彙整說明如表1：

表1　本研究採用之多元學習策略與學習效能理論說明

理論	說明	學習策略與學習效能定義
訊息處理—認知策略理論	由Miller（1956）提出，強調把個人的學習看成是一個資訊處理的系統。學習歷程指的是學生一連串新、舊知識聯結的經驗。	1. 演練策略：藉由不斷重複練習將所學知識精熟。 2. 精緻化策略：將新的知識與舊的經驗產生最精確且有意義的聯結。 3. 組織策略：將新學習的訊息加以組織，進行統合歸納。

理論	說明	學習策略與學習效能定義
後設認知策略理論	由Flavell（1979）提出，指個人對自己學習過程的覺察、監控與決定，其中包含設定目標、自我監控、自我評鑑，以及自我修正歷程。	1. 批判思考策略：將所學進行批判性反思，再進行價值判斷或是行動的抉擇。 2. 後設認知策略：對自己的認知歷程，能夠進行自我監控、評鑑與修正。
行動控制理論	Heckhausen（1991）提出，強調為了完成目標的行動力，個體必須應用意志控制的策略，以完成任務。	1. 時間管理策略：確定學習目標，有效進行時間安排以完成讀書計畫。 2. 努力信念策略：針對學習內容規劃完成步驟，加強學習動機，努力完成任務。
自我效能理論	Bandura（1977）提出，指個人對於是否能夠達成賦予特定任務的能力和信念。	1. 學習效能：有效完成某項學習任務的自信心與信念。

　　過去研究曾指出學習效果不佳與學習效果良好的學習者之間，除了先天的智力因素外，也會受到後天是否能使用有效學習策略的影響（Komarraju & Dial，2014；Panadero, 2017）。Honicke等人（2020）更進一步指出學習效果良好的學習者，在學習過程中會尋找適切的學習策略，以有效提升其學習效果。近年來，許多研究強調學生的學習動機和自我效能對其學業成就表現的影響（Lee et al., 2020; Schwinger & Otterpohl, 2017），學生在學習過程中若能找到合適的學習策略，能有效提升其學習動機，獲取更多的成功經驗，對其學業成績的表現會有高度的正向影響。此外，在教學的過程中，教師若能重視學生的個別差異，考量不同性別或不同學業能力程度學生的差異表現，引導他們採用合適的學習策略，並適時提供有效的教學輔導來提高學生的自我效能感，更能有效幫助學生克服生活中的課業問題和挑戰，此為本研究動機一。

　　2019年新型冠狀病毒（COVID-19）大流行在全世界造成了前所未有的影響，也突顯出醫學教育的重要性（Lucey & Johnston, 2020）。為了對抗疫情，人們期盼醫師肩負更多公共衛生的責任，走出分科精細的醫學專業，以宏觀的視野來探究疫情對人類生活和

行為所產生的影響，提供正確的資訊以協助人們做出合宜的判斷和選擇。因此，透過有效的學習策略培養醫學生具備宏觀視野、人文感知、獨立思辨和終生學習的能力，也是後疫情時代的醫學教育主軸之一，此為本研究動機二。

有鑑於上述研究背景與研究動機，本研究以剛進入高雄醫學大學就讀的大一學生為研究對象，探討全體與不同學院大一學生使用多元學習策略對其學習效能之預測力效果，也進一步比較不同性別與不同學業能力程度學生的差異，並檢驗哪些特定類型的學習策略對他們的學習效能產生最大的影響。期待藉由本研究進一步瞭解本校大一學生使用多元學習策略和學習效能的關係，並將研究結果提供給學校長官與教學單位，以實證資料作決策依據，有效引導學生將所學加以應用，找出最適合自己的學習策略以提升其學習效能。

貳、大學生學習策略問卷調查與分析

一、研究對象

本研究選取高雄醫學大學105-107學年度大一學生作為研究對象，共計2321人（性別分組：男生989人、女生1332人；學業能力程度分組[1]：低學業能力708人、中學業能力887人、高學業能力726人；學院分組：醫學院519人、口腔醫學院193人、藥學院393人、護理學院153人、健康科學院542人、人文社會科學院208人以及生命科學院313人）（圖1~圖3）。

本研究根據受試學生填寫之「大學生學習策略問卷」，進一步針對學生使用的多元學習策略和學習效能表現進行量化資料分析。

---

[1] 本研究將所有受試學生的學期總成績換算成PR值，再根據Cureton（1957）極端組群分組理論，選取前31%學生為高學業能力組，選取後31%學生為低學業能力組，其餘38%學生則為中學業能力組。

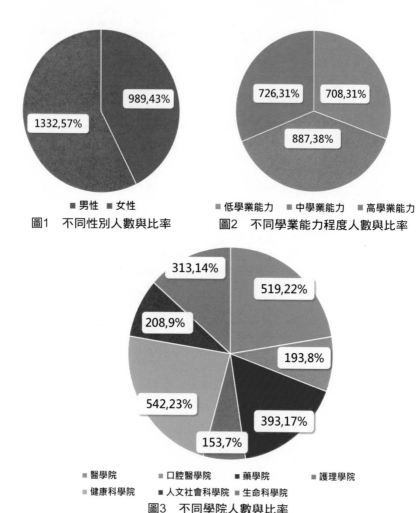

圖1　不同性別人數與比率

■男性　■女性

圖2　不同學業能力程度人數與比率

■低學業能力　■中學業能力　■高學業能力

■醫學院　□口腔醫學院　■藥學院　■護理學院
■健康科學院　■人文社會科學院　■生命科學院

圖3　不同學院人數與比率

二、研究工具「大學生學習策略問卷」

本研究工具根據Miller（1956）「訊息處理-認知策略理論」、
Flavell（1979）「後設認知策略理論」、Heckhausen（1991）「行

動控制理論」以及Bandura（1977）「自我效能理論」編製而成，總共有31題，採用李克特六點量表（1表示非常不同意、2表示很不同意、3表示頗不同意、4表示頗同意、5表示很同意、6表示非常同意）進行問卷填寫。

本研究工具採用探索性因素分析，研究者以Kaiser（1974）提出之「取樣適切性量數」（Kaiser-Meyer-Olkin measure of sampling adequacy, KMO）和Barlett球型檢定（sphericity test）來檢驗量表是否適合進行探索性因素分析。本量表之KMO值為.95，符合檢定標準。另外由球型檢定得知，X^2（465）=32880.1, p<.001，表示題目具有共同因素且達顯著性，因此本量表適合進行因素分析。本量表使用主成分分析法（Principal Component Analysis, PCA），以最大變異法（varimax）以及直交轉軸法（orthogonal rotations）進行因素分析，選取特徵值大於1且轉軸後成分矩陣中因素負荷量大於0.4的題目（Tabachnick & Fidell, 2013）。本量表總共萃取出八個因素，分別命名為「演練策略」、「精緻化策略」、「組織策略」、「批判思考策略」、「後設認知策略」、「時間管理策略」、「努力信念策略」與「學習效能」，總量表解釋變異量為62.30%，整體量表之Cronbach's α 值為.935（各變項內容說明請參閱表2）。

三、資料分析

本研究主要採用多元線性迴歸分析（Multiple regression analysis）探討全體與不同學院大一學生使用多元學習策略對其學習效能之預測效果，並深入探究不同性別與不同學業能力程度學生之預測差異表現。

表2 「大學生學習策略問卷」內容說明

理論	變項	題數	題目舉隅	信度
訊息處理—認知策略理論	演練策略	3	在研讀課程時，我會再三閱讀課堂筆記和課文。	.733
	精緻化策略	2	在閱讀課程內容當時，我試著和我過去已經知道的連結起來。	.757
	組織策略	3	我會利用圖表或做筆記來整理上課重點。	.746
後設認知策略理論	批判思考策略	2	在課堂上或課文中出現理論、解釋、或結論時，我試著判定它是否有良好的支持證據。	.664
	後設認知策略	6	在研讀課程內容時，我試著再三考慮一個主題並決定我必須從它那裡學到什麼，而不只是讀完它就算了。	.797
行動控制理論	時間管理策略	3	我能適當規劃管理自己休閒活動與讀書時間。	.756
	努力信念策略	3	不管能力如何，我認為只要肯努力，學生都能了解教材內容。	.837
自我效能理論	學習效能	9	我有信心我可以學會課程內所教的基本觀念。	.768

參、大學生多元學習策略預測學習效能表現之探析與討論

一、全體大一學生之多元學習策略預測其學習效能的表現

　　本研究首先針對全體大一學生進行多元學習策略對學習效能之預測分析。由表3分析結果可知：全體大一學生使用的多元學習策略皆能顯著預測其學習效能之表現，其中「後設認知策略」（β=0.207）具備最高的預測解釋力、「時間管理策略」（β=0.190）次之、第三為「努力信念策略」（β=0.182）。

　　接著針對全體大一不同性別受學生進行多元學習策略對學習效能之預測分析。根據表4分析結果：男大學生使用的多元學習策略皆能顯著預測其學習效能表現，其中「時間管理策略」（β=0.210）具有最高的預測解釋力；女大學生使用的多元學習策略，除

表3 全體大一學生多元學習策略對學習效能表現之預測力分析
（N=2321）

預測值	學習效能（R^2=.618）			
	b	SE(b)	β	t
演練策略	0.073	0.017	0.090	4.308[***]
精緻化策略	0.079	0.014	0.103	5.605[***]
組織策略	0.092	0.016	0.118	5.761[***]
批判性思考策略	0.107	0.013	0.141	8.274[***]
後設認知策略	**0.191**	**0.022**	**0.207**	**8.575**[***]
時間管理策略	**0.145**	**0.013**	**0.190**	**11.566**[***]
努力信念策略	**0.113**	**0.009**	**0.182**	**12.553**[***]

[***] $p<.001$.

表4 全體大一不同性別學生多元學習策略對學習效能表現之預測力分析

預測值	學習效能							
	男生（N=989）（R^2=.603）				女生（N=1332）（R^2=.634）			
	b	SE(b)	β	t	b	SE(b)	β	t
演練策略	0.056	0.026	0.069	2.141[*]	0.085	0.022	0.106	3.825[***]
精緻化策略	0.124	0.021	0.164	5.833[***]	0.035	0.019	0.046	1.878
組織策略	0.071	0.025	0.091	2.863[**]	0.110	0.021	0.141	5.205[***]
批判性思考策略	0.100	0.020	0.130	5.011[***]	0.116	0.017	0.153	6.815[***]
後設認知策略	0.175	0.034	0.189	5.147[***]	**0.211**	**0.030**	**0.229**	**7.120**[***]
時間管理策略	**0.156**	**0.019**	**0.210**	**8.340**[***]	0.133	0.017	0.168	7.783[***]
努力信念策略	0.115	0.014	0.188	8.431[***]	0.112	0.012	0.178	9.277[***]

[*] $p<.05$. [**] $p<.01$. [***] $p<.001$.

了「精緻化策略」外，其餘多元學習策略皆能顯著預測其學習效能表現，其中「後設認知策略」（β=0.229）具有最高的預測解釋力。

最後針對全體大一低中高學業能力學生進行多元學習策略對學習效能之預測分析。根據表5分析結果：不同學業能力學生使用的多元學習策略皆能顯著預測其學習效能表現。對低學業能力的學生來說，「努力信念策略」（β=0.207）具備最高的預測解釋力；

對中高學業能力的學生來說，「後設認知策略」（中學業能力$\beta=0.221$；高學業能力$\beta=0.224$）具備最高的預測解釋力。

二、不同學院大一學生之多元學習策略預測其學習效能的表現

（一）醫學院

本研究針對醫學院大一學生進行多元學習策略對學習效能之預測分析。由表6分析結果可發現：醫學院大一學生使用的多元學習策略，除了「演練策略」外，其餘皆能顯著預測其學習效能之表現，其中「努力信念策略」（$\beta=0.219$）具備最高的預測解釋力。

接著針對醫學院大一不同性別學生進行多元學習策略對學習效能之預測分析。根據表7分析結果：男大學生使用的多元學習策略，除了「演練策略」和「組織策略」外，其餘皆能顯著預測其學習效能表現，其中「努力信念策略」（$\beta=0.212$）具有最高的預測解釋力；女大學生使用的多元學習策略，除了「演練策略」和「精緻化策略」外，其餘皆能顯著預測其學習效能表現，其中「努力信念策略」（$\beta=0.244$）具有最高的預測解釋力。

最後針對醫學院大一低中高學業能力學生進行多元學習策略對學習效能之預測分析。根據表8分析結果：低學業能力學生使用「演練策略」、「批判性思考策略」、「時間管理策略」和「努力信念策略」皆能顯著預測其學習效能表現，其中「時間管理策略」（$\beta=0.203$）具有最高的預測解釋力；中學業能力學生使用「精緻化策略」、「時間管理策略」和「努力信念策略」皆能顯著預測其學習效能表現，其中「努力信念策略」（$\beta=0.223$）具有最高的預測解釋力；高學業能力學生使用「精緻化策略」、「後設認知策略」、「時間管理策略」和「努力信念策略」皆能顯著預測其學習效能表現，其中「後設認知策略」（$\beta=0.349$）具有最高的預測解釋力。

表5 全體大一不同學業能力學生多元學習策略對學習效能表現之預測力分析

預測值	學習效能											
	低學業能力 (N=708) (R^2=.661)				中學業能力 (N=887) (R^2=.609)				高學業能力 (N=726) (R^2=.591)			
	b	SE(b)	β	t	b	SE(b)	β	t	b	SE(b)	β	t
演練策略	0.103	0.026	0.131	3.975[*]	0.072	0.032	0.085	2.239[***]	0.037	0.031	0.048	1.189
精緻化策略	0.054	0.023	0.073	2.383[*]	0.048	0.024	0.063	1.979[*]	0.131	0.026	0.170	5.021[***]
組織策略	0.113	0.025	0.148	4.571[***]	0.124	0.031	0.151	3.970[***]	0.061	0.028	0.083	2.221[*]
批判性思考策略	0.093	0.021	0.127	4.530[***]	0.138	0.023	0.173	5.884[***]	0.093	0.023	0.126	4.024[***]
後設認知策略	0.161	0.034	0.175	4.703[***]	0.208	0.042	0.221	4.943[***]	0.200	0.041	0.224	4.917[***]
時間管理策略	0.132	0.019	0.182	6.950[***]	0.145	0.024	0.183	6.131[***]	0.146	0.023	0.189	6.303[***]
努力信念策略	0.128	0.015	0.207	8.728[***]	0.096	0.017	0.149	5.724[***]	0.109	0.016	0.184	6.964[***]

[*] $p<.05.$ [***] $p<.001.$

表6　醫學院大一學生多元學習策略對學習效能表現之預測力分析
（N=519）

預測值	學習效能（R^2=.613）			
	b	SE(b)	β	t
演練策略	0.056	0.035	0.072	1.621
精緻化策略	0.126	0.030	0.166	4.247***
組織策略	0.077	0.035	0.099	2.192*
批判性思考策略	0.088	0.026	0.121	3.358***
後設認知策略	0.185	0.044	0.201	4.211***
時間管理策略	0.134	0.024	0.193	5.691***
努力信念策略	**0.138**	**0.019**	**0.219**	**7.298*****

*p<.05. ***p<.001.

表7　醫學院大一不同性別學生多元學習策略對學習效能表現之預測力分析

預測值	學習效能							
	男生（N=368）（R^2=.580）				女生（N=151）（R^2=.699）			
	b	SE(b)	β	t	b	SE(b)	β	t
演練策略	0.051	0.041	0.065	1.241	0.047	0.065	0.062	0.727
精緻化策略	0.147	0.035	0.195	4.131***	0.050	0.057	0.063	0.880
組織策略	0.071	0.042	0.092	1.681	0.158	0.069	0.198	2.304*
批判性思考策略	0.066	0.032	0.091	2.041*	0.134	0.046	0.180	2.926**
後設認知策略	0.180	0.052	0.200	3.455***	0.190	0.082	0.199	2.307*
時間管理策略	0.136	0.028	0.199	4.808***	0.106	0.044	0.146	2.390*
努力信念策略	**0.132**	**0.023**	**0.212**	**5.772*****	**0.159**	**0.035**	**0.244**	**4.588*****

*p<.05. **p<.01. ***p<.001.

（二）口腔醫學院

　　本研究針對口腔醫學院大一學生進行多元學習策略對學習效能之預測分析。由表9分析結果可發現：口腔醫學院大一學生使用的「組織策略」、「批判性思考策略」和「後設認知策略」皆能顯著預測其學習效能表現，其中「後設認知策略」（β=0.362）具有最高

表8 醫學院大一不同學業能力學生多元學習策略對學習效能表現之預測力分析

學習效能

預測值	低學業能力 (N=156) (R²=.720)				中學業能力 (N=206) (R²=.588)				高學業能力 (N=157) (R²=.556)			
	b	SE(b)	β	t	b	SE(b)	β	t	b	SE(b)	β	t
演練策略	0.176	0.065	0.204	2.704**	0.089	0.059	0.115	1.497	-0.091	0.061	-0.127	-1.481
精緻化策略	0.062	0.055	0.074	1.135	0.130	0.053	0.178	2.458*	0.186	0.053	0.258	3.510***
組織策略	0.069	0.071	0.080	0.973	0.106	0.055	0.136	1.926	0.053	0.059	0.078	0.902
批判性思考策略	0.159	0.048	0.190	3.296***	0.070	0.044	0.098	1.585	0.056	0.046	0.086	1.216
後設認知策略	0.142	0.085	0.141	1.685	0.136	0.069	0.148	1.956	**0.291**	**0.078**	**0.349**	**3.728*****
時間管理策略	**0.155**	**0.048**	**0.203**	**3.251*****	0.131	0.035	0.198	3.731***	0.115	0.045	0.171	2.581*
努力信念策略	0.116	0.041	0.167	2.821**	**0.137**	**0.029**	**0.223**	**4.672*****	0.116	0.034	0.198	3.413***

*p<.05. **p<.01. ***p<.001.

表9　口腔醫學院大一學生多元學習策略對學習效能表現之預測力分析
（N=193）

預測值	學習效能（R^2=.511）			
	b	SE(b)	β	t
演練策略	0.029	0.072	0.036	0.408
精緻化策略	0.003	0.063	0.003	0.044
組織策略	0.111	0.055	0.149	2.008*
批判性思考策略	0.131	0.061	0.155	2.159*
後設認知策略	**0.334**	**0.104**	**0.362**	**3.203****
時間管理策略	0.090	0.052	0.122	1.720
努力信念策略	0.020	0.035	0.032	0.575

*p<.05. **p<.01.

表10　口腔醫學院大一不同性別學生多元學習策略對學習效能表現
之預測力分析

預測值	學習效能							
	男生（N=58）（R^2=.586）				女生（N=135）（R^2=.512）			
	b	SE(b)	β	t	b	SE(b)	β	t
演練策略	0.040	0.150	0.054	0.269	0.027	0.088	0.032	0.310
精緻化策略	0.179	0.135	0.206	1.329	-0.062	0.071	-0.078	-0.870
組織策略	0.096	0.096	0.135	0.993	0.094	0.076	0.121	1.230
批判性思考策略	**0.295**	**0.121**	**0.325**	**2.428***	0.030	0.071	0.037	0.424
後設認知策略	0.136	0.208	0.144	0.655	**0.453**	**0.127**	**0.499**	**3.562*****
時間管理策略	0.024	0.104	0.030	0.227	0.120	0.062	0.170	1.936
努力信念策略	0.015	0.071	0.022	0.218	0.005	0.042	0.008	0.111

*p<.05. ***p<.001.

的預測解釋力。

　　接著針對口腔醫學院大一不同性別學生進行多元學習策略對學習效能之預測分析。根據表10分析結果：男大學生使用的「批判性思考策略」（β=0.325）能顯著預測其學習效能表現；女大學生使用的「後設認知策略」（β=0.499）能顯著預測其學習效能表現。

表11 口腔醫學院大一不同學業能力學生多元學習策略對學習效能表現之預測力分析

預測值	學習效能											
	低學業能力（N=60）（R^2=.563）				中學業能力（N=72）（R^2=.501）				高學業能力（N=61）（R^2=.587）			
	b	SE(b)	β	t	b	SE(b)	β	t	b	SE(b)	β	t
演練策略	0.250	0.156	0.237	1.603	-0.147	0.118	-0.201	-1.250	0.059	0.144	0.077	0.410
精緻化策略	-0.049	0.102	-0.060	-0.486	-0.037	0.109	-0.048	-0.336	0.153	0.130	0.176	1.177
組織策略	0.087	0.112	0.107	0.772	0.141	0.111	0.196	1.271	0.107	0.091	0.149	1.183
批判性思考策略	0.075	0.106	0.088	0.708	-0.039	0.102	-0.048	-0.379	**0.301**	**0.117**	**0.337**	**2.577***[*]
後設認知策略	0.295	0.206	0.316	1.429	**0.552**	**0.178**	**0.634**	**3.106**[**]	0.120	0.201	0.126	0.596
時間管理策略	0.130	0.096	0.190	1.363	0.136	0.090	0.186	1.514	0.022	0.099	0.028	0.220
努力信念策略	-0.012	0.066	-0.020	-0.179	0.008	0.058	0.014	0.138	0.027	0.069	0.037	0.390

[*] $p<.05$. [**] $p<.01$.

最後針對口腔醫學院大一低中高學業能力學生進行多元學習策略對學習效能之預測分析。根據表11分析結果：中學業能力學生使用「後設認知策略」（$\beta=0.634$）能顯著預測其學習效能表現；高學業能力學生使用「批判性思考策略」（$\beta=0.337$）能顯著預測其學習效能表現。

（三）藥學院

本研究針對藥學院大一學生進行多元學習策略對學習效能之預測分析。由表12分析結果可發現：藥學院大一學生使用的多元學習策略，除了「演練策略」和「組織策略」外，其餘皆能顯著預測其學習效能之表現，其中「後設認知策略」（$\beta=0.267$）具備最高的預測解釋力。

接著針對藥學院大一不同性別學生進行多元學習策略對學習效能之預測分析。根據表13分析結果：女大學生使用的多元學習策略，除了「演練策略」和「組織策略」外，其餘皆能顯著預測其學習效能之表現，其中「後設認知策略」（$\beta=0.267$）具備最高的預測解釋力

最後針對藥學院院大一低中高學業能力學生進行多元學習策略對學習效能之預測分析。根據表14分析結果：低學業能力學生使用「演練策略」、「批判性思考策略」、「後設認知策略」、「時間管理策略」和「努力信念策略」皆能顯著預測其學習效能表現，其中「努力信念策略」（$\beta=0.361$）具有最高的預測解釋力；中學業能力學生使用「批判性思考策略」、「後設認知策略」、「時間管理策略」和「努力信念策略」皆能顯著預測其學習效能表現，其中「努力信念策略」（$\beta=0.275$）具有最高的預測解釋力；高學業能力學生使用「後設認知策略」和「時間管理策略」皆能顯著預測其學習效能表現，其中「後設認知策略」（$\beta=0.321$）具有最高的預測解釋力。

表12 藥學院大一學生多元學習策略對學習效能表現之預測力分析
（N=393）

預測值	學習效能（R^2=.658）			
	b	SE(b)	β	t
演練策略	0.066	0.041	0.079	1.605
精緻化策略	0.081	0.036	0.102	2.256[*]
組織策略	0.033	0.038	0.042	0.861
批判性思考策略	0.098	0.030	0.136	3.233[***]
後設認知策略	**0.238**	**0.052**	**0.267**	**4.599**[***]
時間管理策略	0.161	0.034	0.186	4.761[***]
努力信念策略	0.143	0.022	0.227	6.635[***]

[*]$p<.05.$ [***]$p<.001.$

表13 藥學院大一不同性別學生多元學習策略對學習效能表現
之預測力分析

預測值	學習效能							
	男生（N=10）（R^2=.868）				女生（N=383）（R^2=.661）			
	b	SE(b)	β	t	b	SE(b)	β	t
演練策略	-0.210	0.672	-0.286	-0.313	0.072	0.041	0.086	1.753
精緻化策略	0.690	0.765	0.997	0.902	0.077	0.036	0.096	2.138[*]
組織策略	-0.058	0.508	-0.082	-0.114	0.028	0.038	0.036	0.735
批判性思考策略	-0.249	0.531	-0.336	-0.469	0.100	0.031	0.138	3.261[***]
後設認知策略	0.315	0.663	0.496	0.475	**0.243**	**0.052**	**0.267**	**4.643**[***]
時間管理策略	0.104	0.313	0.171	0.331	0.164	0.035	0.187	4.753[***]
努力信念策略	-0.049	0.224	-0.105	-0.221	0.151	0.022	0.238	6.906[***]

[*]$p<.05.$ [***]$p<.001.$

表14 藥學院大一不同學業能力學生多元學習策略對學習效能表現之預測力分析

預測值	學習效能											
	低學業能力（N=117）(R²=.740)				中學業能力（N=157）(R²=.622)				高學業能力（N=119）(R²=.663)			
	b	SE(b)	β	t	b	SE(b)	β	t	b	SE(b)	β	t
演練策略	-0.221	0.086	-0.249	-2.553*	0.115	0.060	0.139	1.919	0.127	0.076	0.166	1.668
精緻化策略	0.112	0.068	0.135	1.645	0.068	0.053	0.088	1.275	0.044	0.073	0.056	0.607
組織策略	0.112	0.079	0.134	1.420	0.025	0.056	0.034	0.450	0.006	0.073	0.008	0.084
批判性思考策略	0.152	0.055	0.204	2.752**	0.107	0.045	0.153	2.384*	0.057	0.063	0.081	0.901
後設認知策略	0.324	0.097	0.286	3.349***	0.200	0.078	0.217	2.581*	0.267	0.102	0.321	2.610**
時間管理策略	0.183	0.061	0.209	3.003**	0.139	0.054	0.166	2.577*	0.219	0.063	0.252	3.457***
努力信念策略	0.191	0.038	0.361	5.006***	0.172	0.036	0.275	4.786***	0.057	0.040	0.097	1.422

*p<.05. **p<.01. ***p<.001.

表15 護理學院大一學生多元學習策略對學習效能表現之預測力分析
（N=153）

預測值	學習效能（R^2=.613）			
	b	$SE(b)$	β	t
演練策略	0.156	0.076	0.175	2.062[*]
精緻化策略	-0.019	0.059	-0.024	-0.317
組織策略	0.178	0.065	0.231	2.742[**]
批判性思考策略	0.063	0.052	0.083	1.215
後設認知策略	**0.269**	**0.091**	**0.280**	**2.961[**]**
時間管理策略	0.092	0.059	0.115	1.552
努力信念策略	0.057	0.036	0.097	1.574

[*]p<.05. [**]p<.01.

表16 護理學院大一不同性別學生多元學習策略對學習效能表現
之預測力分析

預測值	學習效能							
	男生（N=62）（R^2=.663）				女生（N=91）（R^2=.616）			
	b	$SE(b)$	β	t	b	$SE(b)$	β	t
演練策略	0.277	0.122	0.278	2.269[*]	0.098	0.099	0.122	0.984
精緻化策略	-0.098	0.094	-0.127	-1.040	-0.032	0.085	-0.041	-0.378
組織策略	**0.353**	**0.125**	**0.393**	**2.835[**]**	0.115	0.079	0.169	1.458
批判性思考策略	0.137	0.088	0.181	1.556	0.050	0.067	0.066	0.751
後設認知策略	0.071	0.158	0.068	0.453	**0.378**	**0.116**	**0.426**	**3.253[**]**
時間管理策略	0.079	0.113	0.084	0.701	0.063	0.070	0.089	0.898
努力信念策略	0.107	0.058	0.169	1.852	0.050	0.049	0.092	1.029

[*]p<.05. [**]p<.01.

（四）護理學院

　　本研究針對護理學院大一學生進行多元學習策略對學習效能之預測分析。由表15分析結果可發現：護理學院大一學生使用「演練策略」、「組織策略」和「後設認知策略」皆能顯著預測其學習效能表現，其中「後設認知策略」（β=0.280）具備最高的預測解釋力。

表17 護理學院大一不同學業能力學生多元學習策略對學習效能表現之預測力分析

學習效能

預測值	低學業能力（N=50）（R²=.689)				中學業能力（N=52）（R²=.685)				高學業能力（N=51）（R²=.564)			
	b	SE(b)	β	t	b	SE(b)	β	t	b	SE(b)	β	t
演練策略	**0.267**	**0.129**	**0.314**	**2.065***	0.082	0.130	0.099	0.629	0.107	0.150	0.112	0.712
精緻化策略	-0.091	0.102	-0.113	-0.896	-0.236	0.115	-0.302	-2.048*	0.181	0.113	0.260	1.605
組織策略	0.144	0.162	0.172	0.891	**0.324**	**0.100**	**0.487**	**3.249****	0.159	0.123	0.206	1.291
批判性思考策略	0.133	0.095	0.163	1.409	-0.063	0.090	-0.081	-0.703	-0.015	0.100	-0.022	-0.151
後設認知策略	0.333	0.182	0.306	1.830	0.350	0.145	0.401	2.419*	0.155	0.165	0.168	0.934
時間管理策略	0.081	0.135	0.089	0.599	0.127	0.090	0.179	1.403	0.079	0.119	0.099	0.664
努力信念策略	0.000	0.078	0.000	0.002	0.065	0.066	0.115	0.988	0.072	0.061	0.140	1.167

* $p < .05.$ ** $p < .01.$

接著針對護理學院大一不同性別學生進行多元學習策略對學習效能之預測分析。根據表16分析結果：男大學生使用「演練策略」和「組織策略」皆能顯著預測其學習效能表現，其中「組織策略」（$\beta=0.393$）具備最高的預測解釋力；女大學生使用「後設認知策略」（$\beta=0.426$）能顯著預測其學習效能之表現。

最後針對護理學院大一低中高學業能力學生進行多元學習策略對學習效能之預測分析。根據表17分析結果：低學業能力學生使用「演練策略」（$\beta=0.314$）能顯著預測其學習效能表現；中學業能力學生使用「精緻化策略」、「組織策略」和「後設認知策略」皆能顯著預測其學習效能表現，其中「組織策略」（$\beta=0.487$）具有最高的預測解釋力。

（五）健康科學院

本研究針對健康科學院大一學生進行多元學習策略對學習效能之預測分析。由表18分析結果可發現：健康科學院大一學生使用「精緻化策略」、「批判性思考策略」、「後設認知策略」、「時間管理策略」和「努力信念策略」皆能顯著預測其學習效能表現，其中「時間管理策略」（$\beta=0.228$）具備最高的預測解釋力。

接著針對健康科學院大一不同性別學生進行多元學習策略對學習效能之預測分析。根據表19分析結果：男大學生使用「精緻化策略」、「批判性思考策略」、「後設認知策略」、「時間管理策略」和「努力信念策略」皆能顯著預測其學習效能表現，其中「時間管理策略」（$\beta=0.217$）具備最高的預測解釋力；女大學生使用「組織策略」、「批判性思考策略」、「時間管理策略」和「努力信念策略」皆能顯著預測其學習效能表現，其中「時間管理策略」（$\beta=0.254$）具備最高的預測解釋力。

最後針對健康科學院大一低中高學業能力學生進行多元學習策略對學習效能之預測分析。根據表20分析結果：低學業能力學生

表18 健康科學院大一學生多元學習策略對學習效能表現之預測力分析（N=542）

預測值	學習效能（R^2=.619）			
	b	SE(b)	β	t
演練策略	0.047	0.035	0.060	1.331
精緻化策略	0.087	0.029	0.114	2.983[**]
組織策略	0.057	0.033	0.076	1.728
批判性思考策略	0.135	0.026	0.181	5.234[***]
後設認知策略	0.155	0.048	0.169	3.233[***]
時間管理策略	**0.167**	**0.025**	**0.228**	**6.685[***]**
努力信念策略	0.119	0.018	0.205	6.488[***]

[**]$p<.01.$ [***]$p<.001.$

表19 健康科學院大一不同性別學生多元學習策略對學習效能表現之預測力分析

預測值	學習效能							
	男生（N=361）（R^2=.600）				女生（N=181）（R^2=.668）			
	b	SE(b)	β	t	b	SE(b)	β	t
演練策略	0.065	0.045	0.081	1.439	0.027	0.056	0.037	0.479
精緻化策略	0.110	0.036	0.144	3.032[**]	0.001	0.052	0.002	0.025
組織策略	0.031	0.040	0.042	0.762	0.158	0.058	0.212	2.742[**]
批判性思考策略	0.135	0.032	0.179	4.212[***]	0.140	0.044	0.195	3.183[**]
後設認知策略	0.149	0.059	0.162	2.506[*]	0.101	0.085	0.110	1.191
時間管理策略	**0.161**	**0.032**	**0.217**	**5.076[***]**	**0.176**	**0.040**	**0.254**	**4.430[***]**
努力信念策略	0.120	0.022	0.212	5.365[***]	0.134	0.033	0.224	4.064[***]

[*]$p<.05.$ [**]$p<.01.$ [***]$p<.001.$

使用「組織策略」、「批判性思考策略」和「努力信念策略」皆能顯著預測其學習效能表現，其中「批判性思考策略」（β=0.232）具備最高的預測解釋力；中學業能力學生使用「批判性思考策略」、「後設認知策略」、「時間管理策略」和「努力信念策略」皆能顯著預測其學習效能表現，其中「努力信念策略」（β=0.236）具備最高的預測解釋力；高學業能力學生使用「精緻策略」、「批判性思考策

表20 健康科學學院大一不同學業能力學生多元學習策略對學習效能表現之預測力分析

	學習效能											
預測值	低學業能力（N=165）(R^2=.629)				中學業能力（N=209）(R^2=.676)				高學業能力（N=168）(R^2=.559)			
	b	SE(b)	β	t	b	SE(b)	β	t	b	SE(b)	β	t
演練策略	0.064	0.071	0.080	0.906	0.057	0.049	0.077	1.177	0.050	0.076	0.064	0.658
精緻化策略	0.029	0.053	0.040	0.556	0.019	0.049	0.023	0.386	0.167	0.054	0.223	3.080**
組織策略	0.160	0.065	0.204	2.479*	0.092	0.050	0.122	1.824	-0.029	0.060	-0.042	-0.480
批判性思考策略	**0.167**	**0.047**	**0.232**	**3.532*****	0.131	0.043	0.178	3.054**	0.115	0.047	0.152	2.451*
後設認知策略	0.134	0.099	0.148	1.353	0.185	0.073	0.192	2.535*	0.132	0.089	0.150	1.481
時間管理策略	0.085	0.053	0.114	1.596	0.148	0.036	0.214	4.134***	**0.226**	**0.048**	**0.304**	**4.729*****
努力信念策略	0.111	0.035	0.186	3.164**	**0.146**	**0.031**	**0.236**	**4.670*****	0.117	0.031	0.227	3.746***

* p<.05. ** p<.01. *** p<.001.

表21　人文社會科學院大一學生多元學習策略對學習效能表現之預測力分析（N=208）

預測值	學習效能（R^2=.651）			
	b	SE(b)	β	t
演練策略	0.100	0.054	0.135	1.871
精緻化策略	0.081	0.042	0.123	1.921
組織策略	**0.162**	**0.048**	**0.224**	**3.349*****
批判性思考策略	0.144	0.039	0.195	3.728*****
後設認知策略	0.072	0.067	0.083	1.079
時間管理策略	0.083	0.042	0.102	1.991*
努力信念策略	0.124	0.028	0.211	4.415*****

*p<.05. ***p<.001.

表22　人文社會科學院大一不同性別學生多元學習策略對學習效能表現之預測力分析

預測值	學習效能							
	男生（N=10）（R^2=.935）				女生（N=198）（R^2=.645）			
	b	SE(b)	β	t	b	SE(b)	β	t
演練策略	-0.526	0.524	-0.580	-1.004	0.116	0.055	0.156	2.115*
精緻化策略	-0.048	0.574	-0.065	-0.084	0.065	0.043	0.100	1.522
組織策略	0.169	0.504	0.193	0.336	**0.163**	**0.050**	**0.227**	**3.284*****
批判性思考策略	-0.054	0.532	-0.051	-0.102	0.142	0.039	0.196	3.637*****
後設認知策略	0.440	1.011	0.396	0.435	0.082	0.068	0.096	1.214
時間管理策略	0.518	0.501	0.540	1.034	0.074	0.042	0.092	1.740
努力信念策略	0.560	0.432	0.764	1.297	0.117	0.029	0.201	4.086*****

*p<.05. ***p<.001.

略」、「時間管理策略」和「努力信念策略」皆能顯著預測其學習效能表現，其中「時間管理策略」（β=0.304）具備最高的預測解釋力。

（六）人文社會科學院

　　本研究針對人文社會科學院大一學生進行多元學習策略對學

表23 人文社會科學院大一不同學業能力學生多元學習策略對學習效能表現之預測力分析

預測值	學習效能											
	低學業能力（N=60）（R²=.629）				中學業能力（N=79）（R²=.639）				高學業能力（N=69）（R²=.784）			
	b	SE(b)	β	t	b	SE(b)	β	t	b	SE(b)	β	t
演練策略	0.220	0.094	0.279	2.354*	0.074	0.089	0.102	0.828	0.001	0.094	0.002	0.015
精緻化策略	0.186	0.076	0.242	2.447*	0.079	0.061	0.140	1.293	0.035	0.091	0.052	0.383
組織策略	0.010	0.084	0.015	0.123	0.251	0.084	0.306	2.981**	0.191	0.088	0.294	2.179*
批判性思考策略	0.108	0.057	0.154	1.911	0.067	0.066	0.095	1.012	0.358	0.092	0.403	3.891***
後設認知策略	0.162	0.124	0.163	1.299	-0.020	0.098	-0.027	-0.206	0.016	0.137	0.018	0.115
時間管理策略	0.006	0.071	0.007	0.086	0.184	0.069	0.237	2.671**	0.141	0.080	0.168	1.758
努力信念策略	0.143	0.051	0.216	2.781**	0.140	0.045	0.250	3.109**	0.100	0.051	0.183	1.952

* $p<.05.$ ** $p<.01.$ *** $p<.001.$

習效能之預測分析。由表21分析結果可發現：人文社會科學院大一學生使用「組織策略」、「批判性思考策略」、「時間管理策略」和「努力信念策略」皆能顯著預測其學習效能表現，其中「組織策略」（$\beta=0.224$）具備最高的預測解釋力。

接著針對人文社會科學院大一不同性別學生進行多元學習策略對學習效能之預測分析。根據表22分析結果：女大學生使用「演練策略」、「組織策略」、「批判性思考策略」和「努力信念策略」皆能顯著預測其學習效能表現，其中「組織策略」（$\beta=0.227$）具備最高的預測解釋力。

最後針對人文社會科學院大一低中高學業能力學生進行多元學習策略對學習效能之預測分析。根據表23分析結果：低學業能力學生使用「演練策略」、「精緻策略」和「努力信念策略」皆能顯著預測其學習效能表現，其中「演練策略」（$\beta=0.279$）具備最高的預測解釋力；中學業能力學生使用「組織策略」、「時間管理策略」和「努力信念策略」皆能顯著預測其學習效能表現，其中「組織策略」（$\beta=0.306$）具備最高的預測解釋力；高學業能力學生使用「組織策略」和「批判性思考策略」皆能顯著預測其學習效能表現，其中「批判性思考策略」（$\beta=0.403$）具備最高的預測解釋力。

（七）生命科學院

本研究針對生命科學院大一學生進行多元學習策略對學習效能之預測分析。由表24分析結果可發現：生命科學院大一學生使用的多元學習策略，除了「演練策略」和「精緻化策略」外，其餘皆能顯著預測其學習效能之表現，其中「後設認知策略」（$\beta=0.277$）具備最高的預測解釋力。

接著針對生命科學院大一不同性別學生進行多元學習策略對學習效能之預測分析。根據表25分析結果：男大學生使用「精緻化策略」、「後設認知策略」、「時間管理策略」和「努力信念策略」

表24 生命科學院大一學生多元學習策略對學習效能表現之預測力分析
（N=313）

| 預測值 | 學習效能（R^2=.666） | | | |
	b	$SE(b)$	β	t
演練策略	0.075	0.043	0.088	1.736
精緻化策略	0.062	0.032	0.090	1.938
組織策略	0.127	0.045	0.146	2.845**
批判性思考策略	0.076	0.037	0.097	2.070*
後設認知策略	**0.256**	**0.059**	**0.277**	**4.339*****
時間管理策略	0.153	0.034	0.191	4.552***
努力信念策略	0.108	0.025	0.165	4.350***

*p<.05. **p<.01. ***p<.001.

表25 生命科學院大一不同性別學生多元學習策略對學習效能表現
之預測力分析

| 預測值 | 學習效能 | | | | | | | |
| | 男生（N=120）（R^2=.729） | | | | 女生（N=193）（R^2=.625） | | | |
	b	$SE(b)$	β	t	b	$SE(b)$	β	t
演練策略	0.022	0.069	0.026	0.326	0.128	0.055	0.160	2.350*
精緻化策略	0.126	0.044	0.200	2.876**	0.013	0.044	0.019	0.306
組織策略	0.063	0.069	0.077	0.909	0.158	0.058	0.179	2.738**
批判性思考策略	0.017	0.053	0.022	0.322	0.134	0.049	0.180	2.733**
後設認知策略	**0.333**	**0.084**	**0.364**	**3.970*****	**0.181**	**0.078**	**0.201**	**2.328***
時間管理策略	0.177	0.048	0.230	3.716***	0.091	0.047	0.114	1.930
努力信念策略	0.122	0.036	0.198	3.382***	0.107	0.032	0.170	3.319***

*p<.05. **p<.01. ***p<.001.

皆能顯著預測其學習效能表現，其中「後設認知策略」（β=0.364）具備最高的預測解釋力；女大學生使用「演練策略」、「組織策略」、「批判性思考策略」、「後設認知策略」和「努力信念策略」皆能顯著預測其學習效能表現，其中「後設認知策略」（β=.201）具備最高的預測解釋力。

表26 生命科學院大一不同學業能力學生多元學習策略對學習效能表現之預測力分析

	學習效能											
預測值	低學業能力（N=100）(R²=.746)				中學業能力（N=112）(R²=.661)				高學業能力（N=101）(R²=.644)			
	b	SE(b)	β	t	b	SE(b)	β	t	b	SE(b)	β	t
演練策略	**0.302**	**0.072**	**0.356**	**4.209*****	-0.051	0.078	-0.058	-0.654	-0.007	0.073	-0.009	-0.094
精緻化策略	-0.013	0.056	-0.019	-0.227	0.133	0.047	0.206	2.814**	0.026	0.064	0.036	0.406
組織策略	0.114	0.074	0.133	1.545	0.150	0.081	0.174	1.858	0.163	0.074	0.199	2.192*
批判性思考策略	0.070	0.062	0.094	1.125	-0.021	0.060	-0.025	-0.348	0.158	0.066	0.220	2.396*
後設認知策略	0.237	0.103	0.249	2.311*	**0.357**	**0.092**	**0.383**	**3.904*****	**0.222**	**0.105**	**0.265**	**2.120***
時間管理策略	0.070	0.058	0.091	1.212	0.213	0.053	0.261	4.046***	0.074	0.062	0.096	1.187
努力信念策略	0.064	0.043	0.098	1.476	0.110	0.041	0.164	2.685**	0.123	0.042	0.215	2.938**

$^*p<.05.$ $^{**}p<.01.$ $^{***}p<.001.$

最後針對生命科學院大一低中高學業能力學生進行多元學習策略對學習效能之預測分析。根據表26分析結果：低學業能力學生使用「演練策略」和「後設認知策略」皆能顯著預測其學習效能表現，其中「演練策略」（β=0.356）具備最高的預測解釋力；中學業能力學生使用「精緻策略」、「後設認知策略」、「時間管理策略」和「努力信念策略」皆能顯著預測其學習效能表現，其中「後設認知策略」（β=0.383）具備最高的預測解釋力；高學業能力學生使用「組織策略」、「批判性思考策略」、「後設認知策略」和「努力信念策略」皆能顯著預測其學習效能表現，其中「後設認知策略」（β=0.265）具備最高的預測解釋力。

四、綜合討論

面對迅速發展且瞬息萬變的世界，人們透過學習累積了大量關於物質世界和精神世界的知識經驗，並藉由掌握這些知識經驗來認識世界。在成長的過程中，我們透過與他人的溝通互動使自身的認知、情感和能力得以成長，而其中教師的教學與指導便扮演極重要的角色，教師若能清楚瞭解學生的學習需求，培養孩子使用有效的學習策略，對於其能力的成長必有極大的助益（Maslow, 1943）。現今十二年國民基本教育特別強調學習者的主體性，以「成就每一個孩子－適性揚才、終身學習」為願景，協助學生應用及實踐所學，提升學生學習的渴望與創新的勇氣，能將所學在未來的生活中加以實踐（教育部，2014）。到了大學階段，是銜接國民教育學習和未來工作的重要轉捩點，倘若能在此階段提供多元化的學習策略，引導孩子設置學習的目標，並幫助他們找到最合適的學習對策，對於其專業能力的養成以及人生方向的追尋會產生正向的影響效果（Erikson, 1968）。在過去有不少研究指出學生的學習自我效能與學業表現呈現顯著的正向相關性（Honicke et al., 2020; Panadero,

2017）。Honicke等人（2020）提到當學生對於學習有較高的自我信心，遇到困難與挑戰時，也較能以樂觀的態度去解決問題並完成任務，而此對於其學業能力的養成和表現有正向的影響效果。Panadero（2017）認為有效的學習策略能提高學生的學習自我效能，進而正向預測其學科能力表現。本研究以過往的研究為基礎，進一步去探究高雄醫學大學大一學生使用的多元學習策略對其學習效能的預測影響效果。

根據表27，首先針對全體及不同學院（口腔醫學院、藥學院、護理學院以及生命科學院）大一學生來看，「後設認知策略」在預測學習效能上有較佳的效果。此呼應了Abdelrahman（2020）的研究，其指出後設認知能幫助學生檢視自我學習成效，修正學習的缺失，對於需要探究實作與研究觀察的學科學習扮演重要的角色。此外，Postareff等人（2017）指出大學生在學習過程中，會因不同專業領域的核心素養能力指標，發展出適合該學科的學習策略，而本研究也進一步發現，對於整體醫學院大一學生而言，在充滿競爭學習氛圍且課業繁重的挑戰中，學生使用奮發向上用功學習的「努力信念策略」最能有效預測其學習效能；對於整體健康科學院大一學生而言，學院特別重視培養學生以社會關懷服務為導向的學習，因此對學生來說應用「時間管理策略」，除了提升讀書效率外，更能有效規劃到全國各地推動疾病預防與健康提昇之社區服務，提升健康福祉理念；對於整體人文社會科學院大一學生而言，學院聚焦於培育學生健康與醫療產業所需，兼顧理論與實務且有跨領域視野之心理學、社會學、社會工作及性別研究方面之人才，因此具備良好的「組織策略」，更能有效將跨域學習的知識融會貫通並推動社會實踐。

針對不同性別大學生的學習研究方面，Piaw（2014）指出男性在學習歷程中會為了確保目標的達成，應用意志控制的學習策略去完成任務，而女性則是較常使用自我反思與自我學習監控的方式達到學習的成效。本研究在全體大一男女學生的分析結果上呼應了

Piaw（2014）的研究結論：男大學生會使用「時間管理策略」確定學習目標，有效進行時間安排以完成讀書計畫；而女大學生則是使用「後設認知策略」自我監控和自我反省的態度去內化所學的知識。然而本研究也發現一些有趣的現象：（1）醫學院、健康科學院以及生命科學院之男女大學生在學習歷程中較常採用的學習策略並無差異，表示學生在學習的過程中並不會因性別不同而有明顯的學習策略採用差異，因此也建議學院的教師未來在設計教學課程時，可以參閱分析結果做為課程教學策略的參考依據，幫助學生進行更有效的學習。（2）藥學院與人文社會科學院男大學生使用的多元學習策略在預測其學習效能的表現上，並無顯著的預測變項，代表這群男學生在學習的歷程中，並未能選擇較顯著合適的學習策略去提升學習自我效能與學業表現，建議教師未來能多引導這些男學生從自我探索中去尋找適合自己的學習策略，協助學生成功學習並獲得自我成長。

再者為不同學業能力程度學生在學習的相關研究上，Weinstein等人（2010）指出低學業成就的孩子在學習的過程中，會有較低的自信心，需要幫助學生從不斷的練習中去精熟知識概念，並藉由教師和同儕的鼓勵提升其學習興趣；對高學業成就的孩子來說，如何引導學生將所學的知識透過自我反思與自我監控加以融會貫通，更有助於其獲得成功的經驗提升學習自我效能。本研究的分析結果也大致吻合先前文獻的發現：對低學業能力的學生來說，使用「努力信念策略」與「演練策略」有較高的預測解釋效果；對中學業能力的學生來說，「努力信念策略」、「組織策略」和「後設認知策略」有較高的預測解釋效果；對高學業能力的學生來說，「後設認知策略」和「批判性思考策略」則有較佳的預測解釋效果。然而值得我們進一步反思的現象有二：（1）健康科學院的低學業能力學生使用「批判性思考策略」有最高的預測解釋力，可能是學院的教學目標強調推動疾病預防與健康照護，教師在教學過程中會偏向以

表27 不同背景大一學生多元學習策略預測學習效能表現之最高預測解釋變項彙整表

	大一學生	性別		學業能力程度		
		男生	女生	低學業能力	中學業能力	高學業能力
全體	後設認知策略	時間管理策略	後設認知策略	努力信念策略	後設認知策略	後設認知策略
醫學院	努力信念策略	努力信念策略	努力信念策略	時間管理策略	努力信念策略	後設認知策略
口腔醫學院	後設認知策略	批判性思考策略	後設認知策略		後設認知策略	批判性思考策略
藥學院	後設認知策略		後設認知策略	努力信念策略	努力信念策略	後設認知策略
護理學院	後設認知策略	組織策略	後設認知策略	演練策略	組織策略	後設認知策略
健康科學院	時間管理策略	時間管理策略	時間管理策略	批判性思考策略	努力信念策略	時間管理策略
人文社會科學院	組織策略		組織策略	演練策略	組織策略	批判性思考策略
生命科學院	後設認知策略	後設認知策略	後設認知策略	演練策略	後設認知策略	後設認知策略

社會議題的討論方式引導學生進行批判辯論，此也幫助學生培養批判思考能力的養成。（2）口腔醫學院低學業能力學生和護理學院高學業能力學生使用的多元學習策略並未能顯著預測其學習效能，因此建議教師未來在進行教學設計時，應重視不同學業程度學生的學習需求和表現，幫助孩子找到最合適的學習策略以有效提升其學習效能。

肆、結論與應用

本研究主要目的在探討高雄醫學大學大一學生使用多元學習策略對其學習效能之預測效果。研究亮點有二：（1）本研究首先針對全體大一學生進行探究，研究結果發現全體大一學生採用「後設認知策略」在預測其學習效能上有最高的解釋力；在性別的比較上，男大學生使用「時間管理策略」以及女大學生使用「後設認知策略」在預測其學習效能上有最高的解釋力；在學業能力程度比較上，低學業能力大學生使用「努力信念策略」以及中高學業能力大學生使用「後設認知策略」在預測其學習效能上有最高的解釋力。（2）接著分別針對本校七大學院大一學生進行探究，分析結果指出大多數學院（口腔醫學院、藥學院、護理學院以及生命科學院）學生採用「後設認知策略」對其學習效能有較佳的預測力；在性別的比較上，不同學院男大學生採用的學習策略皆有所差異，而較多數學院（口腔醫學院、藥學院、護理學院以及生命科學院）女大學生採用「後設認知策略」對其學習效能有較佳的預測力；在學業能力程度比較上，大體而言不同學院低學業能力大學生使用「演練策略」、中學業能力大學生使用「努力策略」、高學業能力大學生使用「後設認知策略」對其學習效能有較佳的預測力。

Komarraju 與 Dial（2014）指出學生在成長階段若能找到適合自己的學習策略，對於其學習經驗和學業表現會有正向的影響。本研

究為大一學生使用多元學習策略預測其學習效能之初步分析，學校教師除了可根據本研究結果去反思如何幫助大一學生透過有效的自我監控和自我反省以提升其學習效果；引導不同性別的學生去設定適合自己的讀書策略，做好時間的掌控，有效完成每日所訂的學習目標；協助不同學業程度學生找出自我學習問題，帶領學生進行後社認知歷程，以達成或駕馭更高一層的知識學習。本研究也建議學校未來可每年進行相關資料的施測與蒐集，進行長期縱貫性的資料分析與比較，進一步探究不同年級學生的學習表現，也從分析結果反思如何有效幫助學生在大學就學階段獲得最佳的學習支持並建立良好的讀書習慣。此外，本研究主要以自陳式的問卷作為資料分析的依據，倘若只讓學生自行評估其學習策略的表現，可能無法完整呈現出學生真實的學習狀況，是故建議未來可以再加上一些質性相關資料（例如：課室觀察、學生訪談等等）去驗證與解釋量化分析結果，甚至可以透過準實驗研究或是行動研究的介入進一步去探究學生使用學習策略對其學習效能表現的影響因素。

　　本研究以實證資料為基礎進行學生多元學習策略預測其學習效能表現之校務議題分析，期待本研究結果能提供學校長官、教師、輔導人員等等當作是學校政策擬定或教學輔導之參考依據，深入瞭解學生就學期間多元學習策略與學習效能之改變狀況，期待藉此給予學生適當的個別輔導，降低學生休退學比例，幫助學生適應學習環境，建立有效讀書習慣並發展未來生涯藍圖。

參考文獻

教育部（2014）。**十二年國民基本教育課程綱要總綱**。https://www.naer.edu.tw/upload/1/16/doc/288/%E5%8D%81%E4%BA%8C%E5%B9%B4%E5%9C%8B%E6%95%99%E8%AA%B2%E7%A8%8B%E7%B6%B1%E8%A6%81%E7%B8%BD%E7%B6%B1.pdf

Abdelrahman, R. M. (2020). Metacognitive awareness and academic motivation and their impact on academic achievement of Ajman University students. *Heliyon, 6*(9), e04192. https://doi.org/10.1016/j.heliyon.2020.e04192

Alexander, P. A., Graham, S., & Harris, K. R. (1998). A perspecti Piaw e on strategy research: Progress and prospects. *Educational psychology review, 10*(2), 129-154. https://doi.org/10.1023/A:1022185502996

Bandura, A. (1977). Self-efficacy: Toward a unifying theory of behavioral change. *Psychological Review, 84*(2), 191-215. https://doi.org/10.1037/0033-295X.84.2.191

Cureton, E. E. (1957). The upper and lower twenty-seven per cent rule. *Psychometrika, 22*(3), 293-296. https://doi.org/10.1007/BF02289130

Erikson, E.H. (1968). *Identity: Youth and Crisis.* Norton.

Fatuhrahmah, U., Darusmin, D. F., & Widiana, H. S. (2020). The intertwining of vocational aptitude and interest: A study among university students in Indonesia. *Psychology, Evaluation, and Technology in Educational Research, 3*(1), 44-52. https://doi.org/10.33292/petier.v3i1.58

Flavell, J. H. (1979). Metacognition and cognitive monitoring: A new area of cognitive–developmental inquiry. *American Psychologist, 34*(10), 906-911. https://doi.org/10.1037/0003-066X.34.10.906

Heckhausen, H. (1991). *Motivational and action.* Springer-Verlag.

Honicke, T., Broadbent, J., & Fuller-Tyszkiewicz, M. (2020). Learner self-efficacy, goal orientation, and academic achievement: Exploring mediating and moderating relationships. *Higher Education Research & Development, 39*(4), 689-703. https://doi.org/10.1080/07294360.2019.1685941

Kaiser, H. F. (1974). An index of factorial simplicity. *Psychometrika, 39*(1), 31–36. https://doi.org/10.1007/BF02291575

Kirk, S. A., Gallagher, J., & Anastasiow, A. (2000). *Educating exceptional children*(8th ed.). Houghton Mifflin.

Komarraju, M., & Dial, C. (2014). Academic identity, self-efficacy, and self-esteem predict self-determined motivation and goals. *Learning and Individual Differences, 32*, 1-8. https://doi.org/10.1016/j.lindif.2014.02.004.

Lee, S., Wang, T., & Ren, X. (2020). Inner speech in the learning context and the prediction of students' learning strategy and academic performance. *Educational Psychology, 40*(5), 535-549. https://doi.org/10.1080/01443410.2019.1612035

Lucey, C. R., & Johnston, S. C. (2020). The transformational effects of COVID-19 on medical education. *Jama, 324*(11), 1033-1034. https://doi.org/10.1001/jama.2020.14136

Maslow, A. H. (1943). A theory of human motivation. *Psychological Review, 50*(4), 370–396. https://doi.org/10.1037/h0054346

Miller, G. A. (1956). The magical number seven, plus or minus two: Some limits on our capacity for processing information. *Psychological Review, 63*(2), 81-97. https://doi.org/10.1037/h0043158

Panadero, E. (2017). A review of self-regulated learning: Six models and four directions for research. *Frontiers in Psychology, 8*, 422. https://doi.org/10.3389/fpsyg.2017.00422

Piaw, C. Y. (2014). Effects of gender and thinking style on student's creative thinking ability. *Procedia-Social and Behavioral Sciences, 116*, 5135-5139. https://doi.org/10.1016/j.sbspro.2014.01.1087

Postareff, L., Mattsson, M., Lindblom-Ylänne, S., & Hailikari, T. (2017). The complex relationship between emotions, approaches to learning, study success and study progress during the transition to university. *Higher Education, 73*(3), 441–457. https://doi.org/10.1007/s10734-016-0096-7

Schwinger, M., & Otterpohl, N. (2017). Which one works best? Considering the relative importance of motivational regulation strategies. *Learning and Individual Differences, 53*, 122–132. https://doi.org/10.1016/j.lindif.2016.12.003

Super, D. E. (1954). Career patterns as a basis for vocational counseling. *Journal of Counseling Psychology, 1*(1), 12–20. https://doi.org/10.1037/h0061989

Tabachnick, B.G. & Fidell, L.S.(2013). *Using Multivariate Statistics*(6th ed.). Pearson.

Weinstein, C. E., Jung, J., & Acee, T. W. (2010). Learning strategies. In P. Peterson, E. Baker & B. McGraw (Eds.), *International Encyclopedia of Education* (3rd, Vol. 5, pp. 323-329). Elsevier Science. https://doi.org/10.1016/B978-0-08-044894-7.00497-8

「全」比較好嗎？「全」英語授課的英語比例對教學品質與學習成效之分析
——以清華大學為例

國立清華大學校務研究中心

祝若穎、許雅勛、林世昌

壹、前言

　　近年來在經濟全球化的浪潮下，為提升國民英語力，增加其國際競爭力已成為不可擋之趨勢，使用英語進行教學（English-medium instruction, EMI）是全世界多個地區的主流趨勢（Richards & Pun, 2021）。Dang等人（2021）指出歐洲高等教育的英語課程，2002年到2014年短短十幾年從700個增加到8,000多個，驟增十倍以上（Wächter & Maiworm, 2014）。在此趨勢下，國內大學開設英語授課的專業課程數從94學年度的3,909門課，至109學年度的19,577門，15年間約成長四倍（教育部，2021a）。

　　台灣政府以2030年為目標，頒佈「2030雙語國家政策發展藍圖」，著重於強化國際育才及中英雙語並行的國家為政策制訂之目標（行政院國家發展委員會，2018）。在政府的政策強力驅使之下，教育部於2021年推動「大專校院學生雙語化學習計畫」，強化學生的英語力，推動全英語授課（EMI）（教育部，2021b），然而若以英語字面上來做翻譯，國內多翻成如英語授課、全英語授課等，但英文並未有「全」的意思，為何要加一個「全」字呢？是否

代表「全」英語課程的數量呢？亦或是課堂運用英語比例的「全」呢？本研究認為尚未瞭解「全」的用意之前，此篇研究先以「英語授課」來作為EMI的中文翻譯。

教育部2021年所推行的「大專校院學生雙語化學習計畫」，以強化學生英語力，並提升高教國際競爭力為願景，其推動目標之一如2024年至少20%大二及碩一學生，其所修學分20%為全英語授課課程（教育部，2021b）。職是之故，提高全英語課程的開課數量為國內大學如火如荼主要推行之重點項目，全面營造英語專業課程的學習環境，然而如同前述所提的全英語課程的「全」是指英語課程的數量嗎？但數量多就代表能提升學生的英語力嗎？若以英語比例的「全」英語授課來看，英語比例越高對於學生學習成效就越好嗎？因此「全」與「不全」的英語課程對教師教學品質與學生學習成效是否有所差異值得關注。

本研究研究對象為國立清華大學，為奠定國際化專業學習環境之基石，自2004年開始就鼓勵教師英語授課推行相關措施，比方英語教學時數乘以1.5倍等，鼓勵各學院專任教師以英語授課，且各系增加開設英語授課課程，逐年提升英語授課比例課程，本研究以清華大學的教學意見調查為研究工具，自106年加入英語比例的題目，因此本文以106年至108年為研究時間，從這段時間來看，106年開設356門，107年的388門，至108年的440門，總共1184門，不僅開設課程數量有逐漸增加的趨勢，且已累積相當多的量化資料，相信本研究的成果能給國內英語授課方興未艾風潮下的大學提供制定推廣政策之參考。

據此，本研究透過以證據為導向（evidence-based）探究全英語課程之英語比例多寡對於學習成效與教學品質的差異，並分析全英語課程下影響教學品質較重要相關因素。本研究目的有四：

首先，瞭解英語課程的學習成效與教學品質的描述性統計。

第二，控制相同老師在相同課程，分析中文與英語授課的學習

成效與教學品質是否有所差異；

第三，英語課程之英語比例多寡對於學生的學習成效與教師的教學品質是否有所差異；

最後，探究全英語課程下影響教學品質較重要相關因素。

貳、文獻探討

一、英語授課之內涵與益處

因應全球化的趨勢，擁有國際溝通能力與國際化視野，已成為評比國家競爭力的指標之一，各國為了培育具備相應能力之人才，開始重視高等教育國際化（internationalization of higher education）的議題。不論何種類型的國際化，語言作為溝通及互動之基礎，英語至今仍是世界主要的通用語言。從字面上來看，英語授課的涵義，意即「以英語作為課堂上主要的教學語言」，但不同的EMI定義曾被其他研究所提出，例如「在主流語言非英語的國家或地區使用英語教學學術科目（英語科除外）」（Macaro, 2018）、使用英語做為教學用的語言且非為其原先所要教學之科目，並在教學環境中參與者使用第二或更多類的語言的環境（Pecorari & Malmström, 2018）。總體來看，英語授課即是在非英語國家使用英語進行教學。

許多研究指出英語授課對大學發展有多項益處，不僅能提高當地學生的英語水準，還能吸引頂尖的國際學生就讀、提高學生未來升學或就業的競爭力，與吸引國際人才研究及任教（Coleman, 2006; Carroll-Boegh, 2008; Graddol, 1997; Wächter & Maiworm, 2008）。對校園國際化的直接貢獻又會影響大學排名。在泰晤士高等教育（Times Higher Education, THE）與QS世界大學排名（QS World University Rankings）等世界大學排名系統中，其國際學生和國際教師之比例為排名標準之一，因此英語授課的數量提升不僅能招生

更多的國際學生，且也能促進排名的提升。因此非英語系國家如亞洲、非洲及拉丁美洲等的高教體系廣泛使用英語為教學語言、增設英語課程及學程，以利於國際交流和提升學校整體的研究及教學能力（Carroll-Boegh, 2008; Dearden, 2015; Fang, 2018; Fenton-Smith et al., 2017; Gundsambuu, 2019; Liu, 2018; Tatzl, 2011）。Richards和Pun（2021）整理英語授課使用的益處，包括：

1. 提升英語的使用
2. 提供在多語系人口的國家普及的語言指引
3. 發展具英語專業的勞動力以提升經濟競爭力
4. 使大專畢業生具備全球素養
5. 使學術機構吸引國際學生就讀
6. 提升大學排名
7. 增加學術機構聲望
8. 提升大學競爭力
9. 促進地區及全球性溝通
10. 發展學生跨文化溝通技巧

綜上所述，由於英語授課對國際招生、世界大學排名與提升國民英語力方面有利於高等教育系統，許多大學均趨之若鶩鼓勵教師用英語作為授課語言。

二、英語授課與英語比例之成效評估

英語授課在高等教育國際化中視為極其重要的指標，因為英語授課可提升高等教育在國際間的流動力（mobility），增加學術動能（羅雅芬，2010；曾憲政，2012；鍾智林、羅美蘭，2016）。但實務執行面仍有許多待探討的議題，例如全英語課程的效用、學生英語能力的落差、師資及配套措施等（曾憲政，2012；鍾智林、羅

美蘭，2016；王俐淳，2019；吳百玲，2019；刁南琦，2020；Tatzl, 2011；Jensen et al., 2013；Yeh, 2012）。

　　過去以學生學習為觀點的研究便發現，參與英語授課的學生相對未參與者有更高的學習動機，雖然他們也提及為了理解課程內容、跟上進度，會需要投入更多時間於課業及考試上，但多數仍表達對於英語授課的肯定，認為能增進他們英語聽說讀寫的能力及克服害怕英語的環境，其出席率也相對於中文授課的學生更高，顯示出更為積極的學習態度（謝尚賢等人，2007；曾憲政，2012；鍾智林、羅美蘭，2016；王俐淳，2019；Chen & Kraklow, 2015；Yeh, 2012）。而就英語授課的效用而言，國內研究多指出中英文授課在教師教學與學生學習成效未有顯著差異，表示若教師採用合適的教學策略，中英文授課並不會因授課語言而犧牲教學及學習品質，反而能兼具專業知識的傳授與提升英語能力的功能（謝尚賢等人，2007；鍾智林、羅美蘭，2017）。

　　在教師教學觀點方面的研究中，許多教師提及學生的英語能力會增加教學困難度，像是課堂討論及交流不熱絡、學生對課堂內容的理解較差等現象，使得教師必須花費更多時間講解課程而延宕教學進度；另一方面，教師的英語能力也直接的影響教學成效，部分教師以英語授課時，會因為口語及學術英語差異等因素，而有表達不流利、減少教學內容的情形，影響學生對於教師教學能力的看法（曾憲政，2012；鍾智林、羅美蘭，2016；王俐淳，2019；Carroll-Boegh, 2008；Tatzl, 2011；Jensen et al., 2013；Yeh, 2012）。為提升英語授課的教學成效，多數教師會嘗試母語輔助、放慢講解速度等複合式教學方法，及參與培育教師英語授課的工作坊等配套措施以解決教學上的困境（謝尚賢等人，2007；鍾智林、羅美蘭，2016；鍾智林、羅美蘭，2017；Yeh, 2012）。綜上所述，全英語課程雖似乎已成為大家公認的國際化重要指標，然若無全面檢視英語授課中教師的教學品質與學習成效的話，難以看出其政策成效評估與後續配

套措施。

　　雖然推行英語授課對高教體系在招生及人才培育方面有許多益處，但關於英語授課時運用英語多寡與學習成效有許多激烈爭論。實際上運用英語多寡與教師語言能力息息相關，因為從第一語言至第二語言的轉換常常會限制口頭表達。使用第二語言可能阻礙語言使用之靈活性，導致無法準確解釋專業知識或以不同方式描述它（Vinke et al., 1998）。因此這意味著教師必須有足夠的語文能力，才能有效地解釋專業知識，並用英語與學生交流（Walkinshawet al., 2017）。例如Jang等人（2015）蒐集韓國大學生關於英語授課的經驗，發現講師的英語能力不足使得學生不容易理解課堂內容。同樣地，一些學生抱怨教師語言能力有限，偶爾會打斷課堂流程，而且對教學內容進行簡明扼要的解釋（Byun et al., 2011）。有學生表示，教師在英語授課時應提高英語流利度，調整教學方法。尤其是英語流利程度，會影響學生對英語授課的看法，進而影響對教師的信任和對英語授課的接受度（Klaassen, 2003; Evans & Morrison, 2011; Tatzl, 2011; Bolton & Kuteeva, 2012）。因此本研究分析英語課程中運用英語比例多寡對於學習成效與教學品質是否有所差異，且探究全英語課程下影響教學品質較重要相關因素。

參、研究方法

一、研究架構

　　本研究架構分為三部分：

（一）分析本校中文課程與英語課程的學習成效與教師的教學品質是否有所差異。接著控制相同老師在相同課程，分析以中文與英語授課的學習成效與教學品質之差異。

（二）分析英語授課之運用英語比例80％含以上及80％以下在

學習成效與教學成效之差異。

（三）分析英語授課下影響教學品質較重要相關因素，以階層迴歸模型分別控制教師特質、課程因素等條件，分析英語授課比例、學生學習成效及教師教學評價對於教學品質之影響。

二、研究樣本

本研究樣本抽取清華大學106至108學年開設的1184門英語授課課程為樣本，其樣本結構如下表1，英語授課的課程多開設於研究所與選修，學院分布以工學院、電資學院、科管學院為前三名。教師特質上，男性、國外博士、專任、教授居多。並以教學意見調查為研究工具，教學評鑑問卷內容，分核心題、教師自選題、教師自訂題、給老師的建議和意見留言五大部份。

表1　本研究之樣本結構分析（N=1184，教師扣除重複開課共366位）

課程因素	課堂數	百分比%	課程因素	課堂數	百分比%
學部			學院		
大學部	321	27.11	人文社會學院	39	3.29
研究所	863	72.89	生命科學院	117	9.88
修課類型			工學院	409	34.54
必修	329	27.79	科技管理學院	185	15.63
選修	855	72.21	電機資訊學院	207	17.48
			原子科學院	86	7.26
			理學院	83	7.01
			清華學院	25	2.11
			竹師教育學院	20	1.69
			藝術學院	3	0.25
			師資培育中心	7	0.59
			其他學院	3	0.25

教師特質	人數	百分比%	教師特質	人數	百分比%
性別			專兼任		
男性	274	74.86	兼任	24	6.56
女性	92	25.14	專任	342	93.44
兼任行政職			所屬學院		
未兼任行政職	274	74.86	人文社會學院	8	2.19
有兼任行政職	92	25.14	生命科學院	36	9.84
曾獲得優良教師獎			工學院	104	28.42
未曾獲得	362	98.91	科技管理學院	57	15.57
曾獲得	4	1.09	電機資訊學院	61	16.67
職稱			原子科學院	31	8.47
教授	195	53.28	理學院	40	10.93
副教授	101	27.60	教育學院	17	4.64
助理教授	60	16.39	其他學院	12	3.28
講座教授	2	0.55			
講師	8	2.19			

三、研究工具

　　本研究資料串接課程系統、教師人事資料及教學意見調查等資料表，詳細內容臚列如下：

　　（一）課程系統資料包含課程科號、必選修、學分數、修課學生人數、開課教師編號及英語授課比例等欄位。

　　（二）教師人事資料以教師編號為參照納入教師性別、年紀、任職學院、職稱、專兼任、行政職、教學獎勵點數及傑出教學獎之教師資料。

　　（三）教學意見調查則透過回收學生期末對教師的教學意見問卷，取得以下資料：

　　　　1. 學生學習動機（必修或必選、學分數要求、時間可配

合、興趣、慕名而來、未來考試需要）、學習成效
（投入時間、缺曠課次數、學習態度、學科成就表
現），其學科成就表現為課堂平均百分制成績。

2. 對教師教學的評價：教學內容（「內容豐富且組織
完善，符合教學目標」、「整體而言，授課老師的
教學內容與「課程大綱」相符」兩題）、教學方法
（「講解清楚而有條理」、「在課堂中與同學有良好
的互動」）、教學態度（「充分準備課程內容及教
材」）、教學評量（「截至目前為止，教師的評量方
式合理地反映教學重點」），採用李克特五點尺度
量表（1＝非常不同意；2＝不同意；3＝普通；4＝同
意；5＝非常同意）。

3. 整體綜合意見：教學品質（「我覺得這位教師教學表
現優異」）、學習滿意度（「我覺得授課老師的教學
對我在本課程的學習有所幫助」），採用李克特五點
尺度量表（1＝非常不同意；2＝不同意；3＝普通；4
＝同意；5＝非常同意）。

並使用STATA 14.0作為分析工具，透過描述性統計、t-test、
ANOVA、階層性迴歸分析完成研究目的。

四、變項定義

（一）是否為「全」英語之變項定義

課程系統資料中的英語授課比例欄位於106學年第一學期至
108學年第一學期的選項分別為「英語授課約占0、20、40、60、
80%」，到108學年第二學期改為「幾乎全以英語授課、超過三分
之二、約60%、約三分之一、幾乎全以中文授課」，並以勾選的學
生人數總和做計算。為便於衡量授課教師在課堂的英語使用比例，

此處分別以0至1間的數值代表英語授課比例：0表示英語授課佔0%及幾乎全以中文授課；0.2、0.4、0.6、0.8為佔20、40、60、80%；1/3、2/3為超過三分之二、約三分之一；1則為幾乎全以英語授課，

最後再採算術平均（$\frac{\Sigma \text{英語授課比例} \times \text{填寫該比例的學生人數}}{\text{課程修課人數}}$）方

式計算出平均英語授課比例，並以0.8為標準區分英語授課80%含以上及80%以下，因此本研究定義英語授課80 %以上即為「全」英語授課。

（二）教學意見調查之相關變項

　　教學意見調查收取的資料為個別學生依據單一課程自評學習動機、成效，以及對課程的個別授課教師評價教學成效（部分課程有多位教師共同授課），故會依據課程及授課教師兩條件，加總或平均修課學生的學習動機、學習成效及教學成效評分。在自評學習動機的部分，將「必修或必選、學分數要求、時間可配合」及「興趣、慕名而來、未來考試需要」分為外在及內在動機，並以勾選的學生人數總和進行計算；學習及教學成效部分則均為連續變數，故採平均值之方式計算。此外，其餘的類別型資料欄位，如：必選修、教師性別及學院等資料，為進行後續迴歸分析也會以虛擬變數（dummy variable）的方式重新編碼。

　　此外，研究問題二因為需要回溯授課教師過去以中文開課的成效，故此部分資料會再納入106至108學年前的課程及教學意見調查資料，若僅有英語授課的經驗則不採納該課程，因此課程數目總計僅120門。此處之中文或英文的教學成效，會平均過去以中文開課的教學品質成績為中文教學品質、英語課程則平均英語開課的部分。

肆、研究結果

一、英語授課的學習成效與教學品質之描述性統計

　　以下為英語課程在學習成效、對教師教學的評價及整體綜合意見等教學品質的描述性統計結果。從學習成效來看，多數學生認為自己於課堂的態度很認真（M=4.6, SD=2.13）、缺課次數少於一次（M=0.91, SD=0.87）、平均一周付出約三個半小時的時間於課程上（M=3.49, SD=2.36）、學科成績以百分為標準時也達到83.57（SD=5.49）。學生對於教師教學的評價的滿意程度高，依滿意程度排序分別為教學內容符合課程大綱（M=4.57, SD=0.49）、教學態度（M=4.53, SD=0.52）、教學內容豐富完整（M=4.51, SD=0.52）、教學評量（M=4.46, SD=0.52）、教學方法（M=4.39, SD=0.57）、師生互動（M=4.31, SD=0.94）。整體綜合意見以教學品質（M=4.51, SD=0.42）略高於學習幫助度（M=4.49, SD=0.44）。

表2　英語課程的學習成效與教學品質之描述性統計

		個數	平均數	標準差
學習成效	學習態度	1184	4.60	2.13
	缺課次數	1184	0.91	0.87
	付出時間（單位為hr）	1184	3.49	2.36
	學科成就表現	744	83.57	5.49
對教師教學的評價	教學內容豐富完整	1184	4.51	0.52
	教學內容符合課程大綱	1184	4.57	0.49
	教學方法	1184	4.39	0.57
	師生互動	1170	4.31	0.94
	教學態度	1184	4.53	0.52
	教學評量	1184	4.46	0.52

		個數	平均數	標準差
整體綜合意見	教學品質	1184	4.51	0.42
	學習幫助度	1184	4.49	0.44

註：學科成就表現的滿分為100，學習成效中的學習態度、對教師教學的評價及整體綜合意見題項的滿分均為5。

二、同老師同課程，中文及英語授課是否在教學品質上有差異

本研究為了更精細探究中文授課與英語授課何者對教學品質較好，研究步驟以對應單一課程的永久代碼，篩選出120門，每學期由相同教師授課，且授課教師曾以英語與母語開設的「同一課程」進行比較，中文授課的教學品質平均為4.53分、英語授課則為4.46分，並未達統計上的顯著差異（詳如表3），雖中文授課的教學品質的平均分數略高於英語授課，但未達統計上的顯著差異，此表示不同語言所開設課程之教學品質分數並無差異。

表3　同老師同課程，中文及英語授課在學習成效與教學成效之差異

		課堂數	中文授課	英語授課	t-test
學習成效	學習態度	120	4.91	4.71	1.91
	缺課次數	120	1.0	0.98	0.25
	付出時間（單位為hr）	120	3.39	3.57	-1.69
	學科成就表現	120	82.27	81.91	0.98
對教師教學的評價	教學內容豐富完整	120	4.47	4.41	0.93
	教學內容符合課程大綱	120	4.55	4.47	1.20
	教學方法	120	4.39	4.30	1.41
	師生互動	120	4.23	4.10	1.04
	教學態度	120	4.46	4.46	0.06
	教學評量	120	4.44	4.38	0.92

		課堂數	中文授課	英語授課	t-test
整體綜合意見	教學品質	120	4.53	4.46	1.78
	學習幫助度	120	4.50	4.43	1.77

註：學科成就表現的滿分為100，學習成效中的學習態度、對教師教學的評價及整體綜合意見題項的滿分均為5。

三、英語授課下運用英語的多寡對學習成效與教學成效之差異

　　由表4可看出英語授課比例高者（英語比例佔課程80％以上）比授課比例低者（英語比例佔課程低於80％）的缺課次數少、學科成就表現較好、付出時間也更多，且有顯著差異；在對教學評價的部分，除「在課堂與同學有良好互動」的選項未達顯著，其餘均有顯著差異，表示英語授課比例高者較低者的教學內容組織更好、與課程大綱越相符、講解更清楚有條理、且有更充分的準備教材，教師的評量方式也更合理地反映教學重點。

　　整體綜合意見的部分也顯現出英語教學比例多寡在學習與教學成效上的顯著差異，學生認為英語授課比例高者相對低者，教師教學的表現更為優異、對於學生在課程的學習也有更多的幫助。

表4　英語比例多寡在學習成效與教學成效之差異

		英語授課<80%			英語授課≧80%			t-test
		個數	平均數	標準差	個數	平均數	標準差	
學習成效	學習態度	395	4.48	1.64	789	4.66	2.33	-1.38
	缺課次數	395	1.08	0.92	789	0.82	0.84	4.77***
	付出時間（單位為hr）	395	3.25	1.58	789	3.61	2.65	-2.46*
	學科成就表現	285	82.547	5.317	459	84.205	5.512	4.044***

		英語授課<80%			英語授課≧80%			t-test
		個數	平均數	標準差	個數	平均數	標準差	
對教師教學的評價	教學內容豐富完整	395	4.45	0.53	789	4.53	0.51	-2.47*
	教學內容符合課程大綱	395	4.53	0.51	789	4.6	0.49	-2.38*
	教學方法	395	4.32	0.58	789	4.42	0.56	-2.92**
	師生互動	390	4.23	0.99	780	4.34	0.91	-1.92
	教學態度	395	4.47	0.54	789	4.56	0.51	-3.09**
	教學評量	395	4.42	0.53	789	4.49	0.51	-2.22*
整體綜合意見	教學品質	395	4.42	0.44	789	4.56	0.4	-5.47***
	學習幫助度	395	4.40	0.44	789	4.54	0.43	-5.12***

註：學科成就表現的滿分為100，學習成效中的學習態度、對教師教學的評價及整體綜合意見題項的滿分均為5。

*$p<.05.$ **$p<.01.$ ***$p<.001.$

四、英語授課下影響教學品質較重要相關因素

　　本研究針對英語授課課程的教師特質、課程因素、學生學習動機及成效、教師教學評估與學習幫助度等因素，瞭解各因素對於教學品質的重要性，故以教學品質為依變項進行階層性迴歸分析，其結果如表5。

　　以模型一來看，教師特質（性別、年紀、國內或國外博士學位、任職學院、職稱、專兼任、行政職、教學獎勵點數、優良教師紀錄）可以解釋教學品質中的15％；模型二在控制教師特質後，課程因素（修課人數、必選修、學分數、英語授課比例）可以對教學品質增加10.2％；模型三控制教師特質、課程因素後，學生學習動機及成效（外在動機、內在動機、學習態度、缺席次數、投入時間、學科成就表現）對教學品質多增加解釋3.8％；模型四再加入教師教學評估（教學內容、教學方法、教學態度、教學評量）後，整

表5 教師、課程、學生、教師因素對教學品質之階層迴歸分析表

	教學品質			
	（1）	（2）	（3）	（4）
_cons	4.571***(.189)	4.367***(.254)	3.399***(.389)	2.759***(.386)
教師特質				
性別（男=0）	.024 (.038)	.02 (.036)	.005 (.035)	-.009 (.034)
年齡	-.007**(.002)	-.009***(.002)	-.007***(.002)	-.007**(.002)
人社院（不分院=0）	.096 (.116)	.015 (.111)	.003 (.11)	-.028 (.105)
生科院（不分院=0）	.184 (.098)	.077 (.095)	.103 (.095)	.114 (.091)
工學院（不分院=0）	.009 (.092)	.014 (.089)	.021 (.088)	.005 (.084)
科管院（不分院=0）	-.087 (.092)	-.07 (.089)	-.092 (.088)	-.087 (.084)
電資院（不分院=0）	-.034 (.095)	-.027 (.092)	.013 (.091)	-.014 (.087)
原科院（不分院=0）	.057 (.103)	.008 (.099)	.029 (.099)	-.017 (.095)
理學院（不分院=0）	-.023 (.104)	.02 (.1)	.057 (.099)	.032 (.094)
教授（講師=0）	.136 (.151)	.246 (.143)	.208 (.14)	.266* (.134)
副教授（講師=0）	.131 (.144)	.222 (.136)	.189 (.134)	.253* (.128)
助理教授（講師=0）	.155 (.147)	.229 (.138)	.2 (.136)	.255 (.13)
講座教授（講師=0）	.646* (.327)	.892** (.318)	.764* (.313)	.743* (.3)
專任（兼任=0）	.049 (.101)	.018 (.097)	.013 (.095)	.05 (.091)
行政職（無=0）	.07 (.037)	.072* (.035)	.063 (.034)	.047 (.033)
教學獎勵點數	.022***(.003)	.025***(.003)	.024***(.003)	.019***(.003)
傑出教學教師（無=0）	.166 (.389)	.037 (.367)	.017 (.359)	.018 (.343)
課程因素				
修課學生人數		-.004***(.001)	-.001 (.001)	-.001 (.001)
研究所（大學部=0）		-.006 (.036)	-.068 (.039)	-.066 (.038)
必選修（選修=0）		-.088* (.035)	-.049 (.04)	-.034 (.038)
學分數		-.009 (.047)	.051 (.05)	.094 (.051)
英語授課比例		.484** (.164)	.449** (.161)	.369* (.155)
學生學習動機及成效				
外在動機			-.004* (.002)	-.005** (.002)
內在動機			.002 (.003)	.004 (.003)
學習態度			.034* (.016)	.037* (.015)
缺席次數			-.07*** (.018)	-.055** (.017)

	教學品質			
	(1)	(2)	(3)	(4)
投入時間			-.012 (.013)	-.014 (.013)
學科成就表現			.01** (.003)	.008* (.003)
教師教學評價				
教學內容豐富完整				.233* (.104)
教學內容符合課程大綱				-.208* (.101)
教學方法				.22** (.069)
師生互動				-.016 (.013)
教學態度				.027 (.085)
教學評量				-.11 (.075)
N	744	744	744	744
R2	.153	.255	.293	.364
AdjR2	.133	.232	.265	.334
F	7.70***	11.21***	10.57***	11.94***

*p<.05. **p<.01. ***p<.001.

個模型的R2由模型三的0.293提升到0.364（△R2 = .071, p < .001）。

　　上述結果可發現，教師教學評估對於教學品質的好壞有重要影響。在控制教師特質、課程因素、學生學習動機及成效因素後，發現教師特質中的「教授」、「副教授」、「講座教授」、「教學獎勵點數」、課程因素的「英語授課比例」、學生學習動機及成效的「學習態度」、「學科成就表現」、教師教學評價的「教學內容豐富完整」、「教學方法」，對於教學品質均有顯著正向影響，表示授課教師為教授、副教授及講座教授會比講師的教學品質更好，且當教師的教學獎勵數越高、英語授課比例越高、學生學習態度及成就表現越好，缺席次數也較少，學生認為教師教學的內容豐富完整、對教學方法越滿意，其教學品質的分數越高。

伍、討論與建議

一、中文授課與英語授課對教學品質無顯著差異

本研究結果發現英語課程的教學品質良好，略高於學習滿意度，但為了更精細探究中文授課與英語授課何者對教學品質較好，控制相同教師開設同一課程，以不同語言之比較更能看出其差異，發現中文授課的教學品質平均為4.53分、英語授課則為4.46分，並未達統計上的顯著差異，其結果與謝尚賢等人（2007）及鍾智林、羅美蘭（2017）的結果一致，顯示中英語授課的有效性並不因授課語言而有差異。

二、英語授課之英語比例較高對學生的學習成效與教學品質越好

本研究結果發現英語授課時若運用英文比例較高者（英語比例佔課程80%以上），學生在課堂的缺課次數較少，學生學習態度及成就表現越好，其研究結果符合過去研究，學生為了理解課程內容、準備作業與考試，需要花費更多時間及心力在課業上（謝尚賢等人，2007；Tatzl, 2011）。以過去研究而言，選修英語授課的學生有較高的學習動機，也比較有動力克服英語授課的障礙；修課的過程雖然較為辛苦，但學生們對於英語授課的評價也較滿意。

本研究結果亦發現英語授課若運用英文的比例較高的話，學生也認為老師的教學內容、方法、態度與評量自評有較好成效，顯示學生對於英語授課比例高的課程有更多的認同感，實際上教師運用英文能力與教學成效有密切關係，可能原因如Marsh等人（2000）提及當英語非母語之情況下，老師在課堂上常使用英語與母語夾雜

與切換時，結果可能導致英語互動就變得更為簡單化，不僅使學生的學科學習成效不佳，連帶英語能力也沒有顯著提升（李秀芬，2002）。

然而多少比例的中英文交錯才是適合台灣的大學生呢？如周宛青（2018）以大三、大四修過個案課程的15位學生為質性訪談對象，本籍生與外籍生各半，認為英語授課適宜必要應搭配中文以增進教學成效的建議，因此本研究建議英語授課的老師，在課堂中盡量以英語比例佔課程80％以上，中文比例則降至20％以下，並鼓勵老師要用全英語來教學，進而才能提高學生的英語能力。

三、英語授課下影響教學品質較重要相關因素

本研究透過階層性迴歸分析英語授課下影響教學品質較重要的相關因素，發現授課教師為教授、副教授及講座教授會比講師的教學品質更好，且當教師的教學獎勵數越高、英語授課比例越高、學生學習態度及成就表現越好，缺席次數較少，且學生認為教師教學的內容豐富完整、對教學方法越滿意，其教學品質的分數越高。在大學的英語授課時，教師需要更多經驗以英語解釋專業知識並與學生交流，推論教授、副教授與講座教授的教學經驗較為豐富，較有利於英語授課的教學品質。其次，教師若具備教學獎勵點數越高也是提高英語授課的教學品質很重要因素，所謂教學獎勵點數是指學校為鼓勵教師教學認真努力所發放的點數，若點數越高表示該老師的教學品質較為優異，因此若老師的教學本身就很優異的話，那麼英語授課的教學成效也就更好，此研究結果和Vinke等人（1998）與羅雅芬（2010）的發現有部分相似，這些研究受訪具有英文授課經驗之專業科目老師，均指出因為英語授課時教師必須兼顧專業知識傳授與學生英語學習需求，因此對本來較擅長教學的老師就比較吃香，當轉換語言時也較能提升學生英語學習成效。

本研究發現學生認為教師教學的內容豐富完整、對教學方法越滿意，其教學品質的分數越高，該研究結果也符合研究表明教師的教學方法比起他們的語言能力更具影響力（Helm & Guarda, 2015; Dang & Vu, 2020）。例如Ball和Lindsay（2013）在西班牙進行的研究發現，雖然學生會說他們更喜歡母語發音模式，但學生認為教師在非母語環境下的教學方式與能力對他們的學習更為重要。Klaassen和Räsänen（2006）還建議教育工作者應在語言能力與教學能力之間互補，才能在非母語環境中操作。由此可知。英語授課的老師必須兼顧語言能力與教學能力才能讓教學成效更好，但背後所花費的時間就會更多，學校方面則必須考量減少教師鐘點以減輕教師在英語備課上的壓力，提供教師所需之訓練與資源，實施整體的規劃與配套措施。

四、英語授課提升學生英語力與專業知識能力之反思與建議

過去十年，台灣高等教育將國際化等同於英語化，以台清交成大為標竿大學，目標四年達到全校90％的博士班、70％的碩士班、50％的大學部都能用全英語來授課，較偏重全英語授課課程數量指標，尚欠缺有系統可為依據的改進指標（監察院，2019），教育部（2021b）其開宗明義指出英語授課目的即為強化學生英語力，那麼為提升學生英語力，校務研究方面對英語授課應設立什麼樣評估指標呢？其評估指標應該是學生的英語能力有變好？亦或是學生的專業知識與能力有變好？若是前者的話，仍存在許多爭議之處，例如教學應該完全用英語還是可以配合母語進行？或是，英語授課時應該只放在學術內容的教學上，還是應該關注學生的英語能力發展？許多英語授課老師可能不知道如何糾正學生的語言錯誤，或者認為這不是他們的責任，所以教學時會傾向忽略學生英語能力程度之不足的問題，無法為學生的英語學習提供支持（Macaro & Han,

2020; Inbar-Lourie & Donitsa-Schmidt, 2020）。雖然第一個問題本研究透過的數據分析結果顯示，英語授課時英文比例較高者（英語比例佔課程80％以上），學生的學習態度及表現越好，雖可回答上述一部份的問題，但本研究未控制學生英文程度，這也是影響英語授課很關鍵的因素之一（羅雅芬，2010）。

若以後者來看，許多文獻指出英語授課最主要的目標即是培養學生成為具備使用專業英語能力之國際人才（Dearden, 2015），且培養學生特定學科的語言技能教學，使用真實情境中的語料及實務，提供學生模擬真實情境的語言使用環境（鄒文莉等，2016）。因此英語授課下的學生專業知識與能力也很重要，但英語力提升是否會影響學生真正習得該堂課的專業知識呢？因此授課老師的語言能力與教學方法都準備好了嗎？許多英語授課教師提及，他們在母語教學中幾乎沒有接受過有效教學方法方面的事先培訓，這種情況他們被要求用英語教學時需重現（Greer et al., 2016; Dearden, 2018）。因此為了要同時兼顧學生專業知識與語言學習的需求，校方可提供專業科目教師教育訓練課程，以提升專業老師以英語授課的能力與技巧。訓練課程內容應著重於教學策略，及技巧的應用。以便專業科目老師選擇以最適合自己課程情境的教學策略，讓老師能在傳授專業知識之餘，也能兼顧學生的英語學習需要（羅雅芬，2010）。

綜上所述，英語授課的目標最主要的成效在於培養學生在專業英語學習及實踐的場域中，透過課堂教學下學習專業科目與英語能力，有效提升學生的專業英語能力，因此教師在設計課程時，如教學內容、方法與評量都與中文授課截然不同，並非是單純將中文轉成英文作為授課語言之轉換。據此，實施英語授課時應思考培養學生的英文能力融入專業領域，使專業訓練與世界重要議題接軌，有效提升學生的專業英語能力，

五、研究限制與未來研究建議

　　首先，過去研究通常採用一至兩門課程探究英語授課成效，教師可以設計詳細的問卷收集學生對於課堂的看法，但本研究樣本為全校英語授課的教學意見調查，在實務情境下為避免題目過多影響學生填答意願，在問卷題目的數量會有所限制，因此教師教學及學生學習成效的問項，囿於此因素而無法設計更多題目詳細瞭解學生觀點，例如過去研究指出英語授課能增進學生英語能力，或是受限於英語能力而產生理解課程之障礙，以及教師英語能力影響教學成效等情形，便無法由本次調查問卷取得相應變項。未來建議應設計專屬英語授課的問卷，以此瞭解英語授課的教師透過數據分析規劃適當的課程及教學方式，有助提升教學品質。再者，可以抽樣方式選取部分課程，針對參與英語授課的教師與學生進行深度質性訪談，了解其學生的學習成效。最後，對於參與英語授課的學生的英語程度是否有變好仍無定論，建議未來可長期評估參與英語授課的學生於新生與畢業時的英語程度是否確實有變好進行追蹤調查。最後，由於本研究僅採用英語授課樣本、未採用一般課程進行比較，在學習及教學成效的比較缺乏強而有力的對照組，建議未來亦可納入一般課程做對照。

參考文獻

Ball, P., & Lindsay, D. (2012). 3. Language Demands and Support for English-Medium Instruction in Tertiary Education. Learning from a Specific Context. In *English-medium instruction at universities* (pp. 44-62). Multilingual Matters. https://doi.org/10.21832/9781847698162-007

Bolton, K., & Kuteeva, M. (2012). English as an academic language at a Swedish university: Parallel language use and the 'threat' of English. *Journal of Multilingual and Multicultural Development, 33*(5), 429-447. https://doi.org/10.1080/014346 32.2012.670241

Bustos-Aguirre, M. L. (2019). What Do We Know about Student Mobility in Mexico?. *International Higher Education, 98*, 13-15. https://ejournals.bc.edu/index.php/ihe/article/view/11189

Byun, K., Chu, H., Kim, M., Park, I., Kim, S., & Jung, J. (2011). English-medium teaching in Korean higher education: Policy debates and reality. *Higher Education, 62*(4), 431-449. https://doi.org/10.1007/s10734-010-9397-4

Carroll-Boegh, A. (2008). *Internationalisation and English medium teaching in higher education : Comparing Denmark and Sweden.* Doctoral dissertation, Institute of Education, University of London. https://discovery.ucl.ac.uk/id/eprint/10020562

Chen, Y. L. E., & Kraklow, D. (2015). Taiwanese college students' motivation and engagement for English learning in the context of internationalization at home A comparison of students in EMI and Non-EMI programs. *Journal of studies in International Education, 19*(1), 46-64. https://doi.org/10.1177/1028315314533607

Coleman, J. A. (2006). English-medium teaching in European higher education. *Language teaching, 39*(1), 1-14. https://doi.org/10.1017/S026144480600320X

Dang, T. K. A., & Vu, T. T. P. (2020). English-medium instruction in the Australian higher education: untold stories of academics from non-native English-speaking backgrounds. *Current Issues in Language Planning, 21*(3), 279-300. https://doi.org/10.1080/14664208.2019.1641350

Dang, T. K. A., Bonar, G., & Yao, J. (2021). Professional learning for educators teaching in English-medium-instruction in higher education: a systematic review. *Teaching in Higher Education,* 1-19. https://doi.org/10.1080/13562517.2020.1863350

Dearden, J. (2015). *English as a medium of instruction—A growing global phenomenon.* London, England: British Council. DOI:10.13140/RG.2.2.12079.94888

Evans, S., & Morrison, B. (2011). Meeting the challenges of English-medium higher education: The first-year experience in Hong Kong. *English for Specific*

Purposes, 30(3), 198-208. https://doi.org/10.1016/j.esp.2011.01.001

Fang, F. (2018). Review of English as a medium of instruction in Chinese universities today: Current trends and future directions. *English Today, 34*(1), 32-37. https://doi.org/10.1017/S0266078417000360

Fenton-Smith, B., Humphreys, P. & Walkinshaw, I. (Eds.). (2017). *English medium instruction in higher education in Asia-Pacific*. Springer. DOI:10.1007/978-3-319-51976-0

Graddol, D. (1997). *The future of English? A guide to forecasting the popularity of the English language in the 21st century*. London: The British Council.

Greer, D. A., Cathcart, A., & Neale, L. (2016). Helping doctoral students teach: Transitioning to early career academia through cognitive apprenticeship. *Higher Education Research & Development, 35*(4), 712-726. https://doi.org/10.1080/07294360.2015.1137873

Gundsambuu, S. (2019). Internationalization and English as a medium of instruction in Mongolian higher education: A new concept. *Journal of Language and Education, 5*(2), 48-66. https://doi.org/10.17323/jle.2019.8481

Helm, F., & Guarda, M. (2015). "Improvisation is not allowed in a second language": A survey of Italian lecturers' concerns about teaching their subjects through English. *Language Learning in Higher Education, 5*(2), 353-373. https://doi.org/10.1515/cercles-2015-0017

Inbar-Lourie, O., & Donitsa-Schmidt, S. (2020). EMI Lecturers in international universities: is a native/non-native English-speaking background relevant?. *International Journal of Bilingual Education and Bilingualism, 23*(3), 301-313. https://doi.org/10.1080/13670050.2019.1652558

Jang, Y. J., Yi, I. M., Kim, B., Sim, J. Y., & Park, H. J. (2015). EMI issues in pseudo-differential signaling for SDRAM interface. *JSTS: Journal of Semiconductor Technology and Science, 15*(5), 455-462. https://doi.org/10.5573/JSTS.2015.15.5.455

Jensen, C., Denver, L., Mees, I. M., & Werther, C. (2013). Students' attitudes to lecturers' English in English-medium higher education in Denmark. *Nordic Journal of English Studies, 12*(1), 87-112.

Klaassen, R. G. (2003). English-medium degree programmes in higher education: From implementation to quality assurance. In *Multilingual Approaches in University Education-Challanges and Practices* (pp. 119-145). Valkhof pers en Talencentrum Universiteit Maastricht.

Klaassen, R. G., & Räsänen, A. (2006). Assessment and staff development in higher education for English-medium instruction: a question-raising. In *Bridging the assessment gap in English-medium higher education* (pp. 235-255). AKS-verlag.

Liu, X. (2018). National Policies and the Role of English in Higher Education. *International Higher Education, 96*, 15-16.

Macaro, E. (2018). *English medium instruction.* Oxford University Press.

Macaro, E., & Han, S. (2020). English medium instruction in China's higher education: teachers' perspectives of competencies, certification and professional development. *Journal of multilingual and multicultural development, 41*(3), 219-231. https://doi.org/10.1080/01434632.2019.1611838

Marsh, H., Hau, K., & Kong, C. (2000). Later immersion and language of instruction in Hong Kong high schools : Achievement growth in language and nonlanguage subjects. *Harvard Educational Review, 70*(3), 302-346. https://doi.org/10.17763/haer.70.3.gm047588386655k5

Pecorari, D., & Malmström, H. (2018). At the crossroads of TESOL and English medium instruction. *Tesol Quarterly, 52*(3), 497-515. https://doi.org/10.1002/tesq.470

Richards, J. C., & Pun, J. (2021). A typology of English-medium instruction. *RELC Journal*, 1-25. https://doi.org/10.1177/0033688220968584

Tatzl, D. (2011). English-medium masters' programmes at an Austrian university of applied sciences: Attitudes, experiences and challenges. *Journal of English for Academic purposes, 10*(4), 252-270. https://doi.org/10.1016/j.jeap.2011.08.003

Vinke, A. A., Snippe, J., & Jochems, W.(1998). English-medium Content Courses in Non-English Higher Education: a study of lecturer experiences and teaching behaviours. *Teaching in Higher Education, 3*(3), 383-394. https://doi.org/10.1080/1356215980030307

Wächter, B., & Maiworm, F. (2008). English-taught programmes in European higher education. *ACA Papers on International Cooperation in Education. Bonn: Lemmens.*

Wächter, B., & Maiworm, F. (Eds.). (2014). *English-taught programmes in European higher education: The state of play in 2014.* Lemmens Medien GmbH.

Walkinshaw, I., Fenton-Smith, B., & Humphreys, P. (2017). EMI issues and challenges in Asia-Pacific higher education: An introduction. In *English medium instruction in higher education in Asia-Pacific* (pp. 1-18). Springer, Cham. doi: 10.1007/978-3-319-51976-0.

Yeh, C. C.(2012). Instructors' perspectives on English-medium instruction in Taiwanese universities. *Curriculum Instruction Quarterly*, 16(1), 209-232.

刁南琦（2020）。從英語雙峰補救教學看課綱銜接問題。**臺灣教育評論月刊，9**（10），71-76。

王俐淳（2019）。培養國際移動人才的一環──全英語授課之配套措施。**臺灣教育評論月刊，8**（6），63-66。

行政院國家發展委員會（2018）。**2030雙語國家政策發展藍圖**。取自 https://bilingual.ndc.gov.tw/sites/bl4/files/news_event_docs/2030%E9%9B%99%E8%AA%9E%E5%9C%8B%E5%AE%B6%E6%94%BF%E7%AD%96%E7%99%BC%E5%B1%95%E8%97%8D%E5%9C%96.pdf。

吳百玲（2019）。2030打造臺灣成為雙語國家願景之我見。**臺灣教育評論月刊，8**（4），160-165。

李秀芬（2002）。學科內容本位之英語教學課程──以英語一般學科之美加港日經驗。**教育研究月刊，100**，124-143。

周宛青（2018）。高等教育全英語課堂教學個案研究。**教學實踐與創新，1**（1），155-191。

教育部（2021a）。**大學校院 課程資源網**。網址採自https://ucourse-tvc.yuntech.edu.tw/web_nu/search_course.aspx#

教育部（2021b）。**高教雙語政策──推動大專校院學生雙語化學習計畫**。網址採自https://www.edu.tw/News_Content.aspx?n=9E7AC85F1954DDA8&s=2BCAF7C42463717F

曾憲政（2012）。國際化與全英語授課的迷思。**臺灣教育評論月刊，1**（6），39-39。

鄒文莉、陳慧琴、高實玫、蔡美玲（2016）。以全球競合力養成為目標

之大學英語教育：以國立成功大學為例。**教育研究與發展期刊，12**
（3），107-130。

監察院（2019）。**國內頂尖大學——臺成清交國際競爭力如何？檢視全英**
語授課成效，監察委員張武修促請教育部研議妥處，取自https://www.
cy.gov.tw/News_Content.aspx?n=124&sms=8912&s=13503。

謝尚賢、康仕仲、李偉竹、張國儀、陳仁欽（2007）。**工程學科以英語授**
課之教學策略及有效性研究。國立臺灣大學教學發展中心提升教學品
質計畫。網址採自http://ctld.ntu.edu.tw/rp/report/96_01.pdf。

鍾智林、羅美蘭（2016）。台灣高教運輸領域英語授課課程發展趨勢與個
案研究。**英語教學，40**（3），87-121。

鍾智林、羅美蘭（2017）。英語授課指標暨多年期英語運輸課程教學評量
之探討。**運輸學刊，29**（3），233-253。

羅雅芬（2010）。從高等教育國際化的觀點探討以英語授課的挑戰。**高雄**
應用科技大學學報，39。

學生學習成效之探討：以南部某大學為例

嘉南藥理大學醫務管理系
洪萬吉

壹、研究動機與目的

在現今少子化的時代，學生人數逐年降低，大專院校卻又逐年增加，在僧多粥少的情況下，學校如何永續經營與發展，是學校當局的重要課題之一，特別是在教育部針對各級學校進行校務評鑑與系所評鑑，評鑑成績不佳的學校，往往被一般大眾視為是後段班學校，不但會被教育部減招或停招，報考人數或選填志願人數亦會大幅減少，沒有學生的學校如何能經營下去。學生是學校教育的主題，學生的學習成效可以有效反映出學校教育措施的績效，也因此，學生學習成效的重要性也就不言而喻了。

學習動機與學習滿意度為影響學生學習成效的主因。學生學習成效不佳，不見得是其學習能力差，原因可能是缺乏學習動機所致，動機是行為的原動力，學習動機反應學生的偏好與需求，了解學習動機才能設法提高學習意願，從而引導學生促進其學習的學生，在從事學校學習活動時，若是遇到教室專業能力不足、教師教學態度或教學方法不佳、課程內容安排不良等情形，會降低學生學習滿意度，進而導致學習成效的低落；同樣地，老師教得再好，課

程內容再充實，對於學習動機不佳的學生來說，學習滿意度也不會太好。究竟學習動機、學習滿意度與學習成效三者之間的影響關係是否真的如上所述，需進一步探討。有關學生學習成效分析與探討已經有許多相關研究，基於學生特質與學校風氣氛圍存在校際之間的差異，本校學生學習成效是否與各校普遍之間是否存在差異是本研究想瞭解的重要事項。因此本研究將先從文獻回顧與探討整理當前學生學習成效的重要變數與因素，再利用本校學生學習的資料進行分析，藉此希望瞭解本校學生學習成效的特質。

　　基於學生特質與學校風氣氛圍可能存在校際之間的差異，因此本研究由文獻回顧與探討整理當前學生學習成效的重要變數與因素，再利用本校學生學習的資料進行分析，藉此希望瞭解本校學生學習成效的特質。其研究之目的為如下：

（1）瞭解本校學生對學習動機、學習滿意度與學習成效之情況，哪一學院滿意度最高及最低。

（2）瞭解本校各學院學生學業成績之情況，哪一學院學業平均成績最高及最低。

（3）瞭解本校學生學習動機、學習滿意度及學習成效與學業成績之情況，如成績好之學生滿意度是否較高及成績較低之同學是否較低等。

（4）瞭解本校學生背景特質對學習動機、學習滿意度與學習成效之間是否有差異。如不同之入學管道對學習動機，哪一管道滿意度較高。

（5）瞭解本校學生背景特質對學業成績之間是否有差異。如不同之入學管道對學業成績，哪一管道學業平均成績較高或不同管道無差異。

　　因此本研究之目的即為了瞭解學生學習成效，透過問卷資料之蒐集與學校資料庫之資料，將研究之分析結果作為提升學生之學習能力及學校校務發展之決策參考。

貳、文獻探討

本研究意欲以嘉藥大學之學生為研究對象，探討學習動機、學習滿意度與學習成效之間的關係。為了解與本研究主題有關文獻之論述，分別針對有關學習動機、學習滿意度、學習成效之相關文獻內容進行簡要說明。

一、學習動機

Witt 與 Handal（1984）認為學生的人格特質或興趣，若能與學校或課程之特性接近，學生的滿意度相對較高。Harrell 與 Stahl（1984）認為學習動機與滿意度有顯著的正相關。Small 與 Venkatesh（2000）、Berger 與 Milem（2002）及 Harlen 與 Crick（2003）均指出學習動機是影響學習滿意度的主要因素，學習動機愈強滿意度愈高。謝宜君與紀文章（2003）認為，學習動機在是指推動個體進行學習活動的內部原因或內在動力，促使個體投入心力繼續學習。鄭采玉（2008）認為學習動機是指學生在學習過程中，維持學習活動的內在動力，並促使其自發性的投入心力，進而追求預設的學習目標之心理歷程。

依學習動機相關文獻，學習動機係指嘉南藥理大學學生在進入四技前，維持、導引進修學習活動的心路歷程；而且在學習活動中，促使其自發的投入心力、維持學習的動力來源。考量本研究之研究對象係為嘉南藥理大學學生，學習動機取向係包含學校評價、求知興趣、外界期望等三個向度，分析如下：

1. 學校評價：包含學生校譽佳、學校師資優良、學校升學率高等題項。
2. 求知興趣：包含將來工作需要、學習一技之長、考取專業證

照、自我充實等題項。

3. 外界期望：包含因為家長期待或受到同學影響等題項。

二、學習滿意度

Field 與 Gill（1980）認為學習滿意度應考慮四個層面，即學校行政、教師教學、人際關係與學習成果。Reed、Lahey 與 Downey（1986）認為學習滿意度是指學生求學的主觀體驗，很難判定學習滿意度是否與學習成效有絕對關係。Abraugh（2000）認為學習滿意度是指學習者在學習過程中的內在感覺或態度，及其慾望需求獲得滿足與達成的程度。吳鳳惠（2010）認為學習滿意度係指學習者在學習過程中，需求和願望獲得滿足的程度，或是其對各種學習活動中感受或態度，該感受或態度可呈現出學習者對於學習活動的喜好程度，是一種主觀性的個人感受程度。綜上而論，各學者與研究者對於學習滿意度的解釋與定義，該感受或態度若能達成學習者原先的需求和期望，且在學習過程中達到滿足的一種主觀的感受狀況，感受滿足的程度越大滿意度即越高。

本研究之學習滿意度取向係包含教師教學、課程與學習環境、學校行政等三個向度，分述如下；

1. 教師教學：包含教師教學態度、教學方式、師生互動、以及教師是否學有專精等。
2. 學校行政：包含校園活動及課外活動、行政人員的服務效率、與學生的互動關係等。
3. 課程與學習環境：包括課程內容、進度、時數，以及空間規劃、環境整潔、設備等。

三、學習成效

劉興郁與蔡瑞敏（2006）指出學習滿意度與學習成效有顯著正相關。汪瑞芝與廖玲珠（2008）認為學習動機對於學生的學習成效有重要的影響力，若忽略學生的學習動機，學生對於教師教學的滿意度將會降低。郭美貝與吳鳳惠（2010）認為學習滿意度係指學生在學習過程中，對於各種學習活動的態度或感覺所呈現出對學習活動的喜好程度，學習的目的即在獲得學習成效，而學習滿意度愈高，學習成效亦隨之愈高。何玉環（2010）指出學習動機對學習成效具有直接正向影響效果。江彰吉（2010）指出重視學生學習成效已是國際趨勢，期盼各級學校提升台灣學生的競爭力而共同努力。依上述之學者對學習成效之探討，對學習成效之指標，本研究採用學業成績作為研究。

參、研究方法

一、樣本資料與變數

本研究之樣本數為1,400份，若考慮成績因素，即學生有填寫學號之問卷，經整理及剔除不完整之問卷後，有效樣本數為977份，其有效填答率為69.79%，其中藥理學院藥學系214份、環境學院應資系140份、民生學院食品系190份、休閒暨健康學院醫管系227份及人文暨資訊學院社工系206份。問卷之整體信度達0.7以上，三構面達0.6以上度，其細節省略。研究變項包括學生背景變項、自變項及依變項等三大變項，分述如下：

　　（1）背景變項：包括入學管道、入學所屬居住區域、專業證
　　　　　照、所屬院系所、工作（打工）經驗、畢業後進路規劃

及成績之題項。

（2）自變項：學習動機，其中包括：學校評價、求知興趣、外界期望等三項因素，共計包含15題問卷題項，對學習動機之探討可參閱如鄭采玉（2008）、Berger與Milem（2002）、及Harlen與Crick（2003）。學習滿意度，其中包括：教師教學、學校行政、課程與學習環境等三項因素，共計包含22題問卷題項，對學習滿意度之探討可參閱如吳鳳惠（2010）與Abraugh（2000）。

（3）依變項：即學習成效，僅包括學習成效一項因素，共計包含10題問卷題項，對學習成效之探討可參閱如郭美貝與吳鳳惠（2010）及何玉環（2010）。

二、統計方法

本研究依據基本統計資料變項、學習動機、學習滿意度與學習成效進行資料之探討，意欲針對學校學生進行學習動機、學習滿意度與學習成效關係之研究（郭美貝、吳立安，2012），期能透過問卷調查方式蒐集樣本資料，並結合學校資料庫之對應學生資料，並進行敘述統計分析與變異數分析，並使用SPSS 21.0統計軟體，探討入學管道、入學所屬居住區域、專業證照、工作（打工）經驗與畢業後進路規劃等基本統計變項在學習動機、滿意度與學習成效等構面上，是否有顯著差異，再根據研究結果提出建議，以作為學校擬定發展策略之參考。

肆、資料分析結果

一、學習動機、學習滿意度與學習成效之敘述統計分析結果

　　由表1得知，學生對於學校評價、求知興趣及外界期望呈現良好的結果，其整體平均分數也都4分以上，除了人文暨資訊學院-E系之外界期望低於4分。在學習動機中，由研究結果也得知藥理學院與民生學院高於整體平均數，環境學院與人文學院低於各變項的整體平均數。學校評價中以民生學院最高，人文學院為最低。求知興趣中以民生學院最高，環境學院-B系為最低。外界期望中以民生學院最高，人文暨資訊學院-E系為最低。由表2得知，學生對於教師教學、學校行政及課程與學習環境呈現良好的結果，其整體平均分數也都5分以上。在學習滿意度中，由結果也得知民生學院與休閒學院高於各變項的整體平均數，環境學院與人文學院低於各變項的整體平均數。教師教學中以民生學院最高，環境學院-B系為最低。學校行政中以民生學院最高，人文暨資訊學院-E系為最低。課程與學習環境中以民生學院最高，環境學院-B系為最低。

　　由表3得知，學生對學習成效呈現良好的結果，其整體平均分數也都5分以上。結果也得知藥理學院與民生學院高於各變項的整體平均數，環境學院、休閒學院與人文學院低於各變項的整體平均數。在學習成效中以民生學院最高，其次是藥理學院-A系，及環境學院-B系為最低。由表4得知，五院中以人文暨資訊學院之E系之平均成績為最高81.7分，環境學院B系為最低78.51分。由表5得知，成績分組中以低於64.55分之人數最少（2.6%）。由表6得知，成績較低之學生的各子構面的平均分數有較高之現象，此結果也顯示學校在教學輔導上有些成效，學生迴饋現象。

表1　學習動機——各學院與整體

	構面	研究變數	題數	各題項平均之總分	構面平均分數
藥理學院-A系	學習動機	學校評價	5	23.98	4.796
		求知興趣	6	35.91	5.985
		外界期望	4	19.28	4.820
環境學院-B系	學習動機	學校評價	5	22.44	4.488
		求知興趣	6	29.67	4.945
		外界期望	4	17.34	4.335
民生學院-C系	學習動機	學校評價	5	27.25	5.450
		求知興趣	6	35.94	5.990
		外界期望	4	20.33	5.083
休閒暨健康學院-D系	學習動機	學校評價	5	24.16	4.832
		求知興趣	6	32.03	5.338
		外界期望	4	17.93	4.483
人文暨資訊學院-E系	學習動機	學校評價	5	20.11	4.022
		求知興趣	6	32.14	5.357
		外界期望	4	15.67	3.918
整體（五個院）	學習動機	學校評價	5	23.62	4.724
		求知興趣	6	33.32	5.553
		外界期望	4	18.13	4.575

表2 學習滿意度──各學院與整體

	構面	研究變數	題數	各題項平均之總分	構面平均分數
藥理學院-A系	學習滿意度	教師教學	7	39.56	5.651
		學校行政	5	24.54	4.908
		課程與學習環境	10	50.29	5.029
環境學院-B系	學習滿意度	教師教學	7	34.74	4.963
		學校行政	5	23.98	4.796
		課程與學習環境	10	48.39	4.839
民生學院-C系	學習滿意度	教師教學	7	43.43	6.204
		學校行政	5	28.56	5.712
		課程與學習環境	10	58.24	5.824
休閒暨健康學院-D系	學習滿意度	教師教學	7	39.67	5.667
		學校行政	5	25.84	5.168
		課程與學習環境	10	53.55	5.355
人文暨資訊學院-E系	學習滿意度	教師教學	7	38.82	5.546
		學校行政	5	23.16	4.632
		課程與學習環境	10	49.63	4.963
整體（五個院）	學習滿意度	教師教學	7	39.49	5.641
		學校行政	5	25.25	5.050
		課程與學習環境	10	52.18	5.218

表3　學習成效──各學院與整體

	構面	研究變數	題數	各題項平均之總分	構面平均分數
藥理學院-A系	學習成效	學習成效	10	58.9912	5.89912
環境學院-B系	學習成效	學習成效	10	49.8176	4.98176
民生學院-C系	學習成效	學習成效	10	59.7358	5.97358
休閒暨健康學院-D系	學習成效	學習成效	10	53.8106	5.38106
人文暨資訊學院-E系	學習成效	學習成效	10	54.7854	5.47854
整體（五個院）	學習成效	學習成效	10	55.7037	5.55704

表4　五院之五系成績描述性統計分析結果

學院	個數	平均數	標準差	平均數的95%信賴區間		最小值	最大值
				下界	上界		
藥理學院	214	79.0443	4.25626	78.4708	79.6179	64.06	88.77
民生學院	190	80.8504	7.15853	79.8260	81.8749	59.28	94.16
環境學院	140	78.5144	7.12208	77.3243	79.7045	53.38	89.83
休閒暨健康學院	227	79.4310	7.24502	78.4834	80.3785	44.00	93.68
人文暨資訊學院	206	81.7066	6.06744	80.8731	82.5400	55.56	93.20
總和	977	79.9708	6.50651	79.5623	80.3793	44.00	94.16

表5　成績分組等級化之統計結果

成績分組	次數	百分比	有效百分比	累積百分比
小於等於64.55	25	2.6	2.6	2.6
64.56~74.55	144	14.7	14.7	17.3
74.56~84.55	574	58.8	58.8	76.0
大於等於84.56	234	24.0	24.0	100.0
總和	977	100.0	100.0	

表6 成績分組等級化與三構面之各子構面的敘述性統計結果

三構面		個數	構面平均數總分	標準差	最小值	最大值
學校評價	小於等於64.55	25	24.68	6.046	15	35
	64.56~74.55	144	24.10	6.301	5	35
	74.56~84.55	574	23.75	5.599	5	35
	大於等於84.56	234	22.90	5.968	5	35
	總和	977	23.62	5.815	5	35
求知興趣	小於等於64.55	25	33.64	5.678	24	42
	64.56~74.55	144	32.28	6.978	6	42
	74.56~84.55	574	33.48	5.939	7	42
	大於等於84.56	234	33.54	5.532	15	42
	總和	977	33.32	6.011	6	42
外界期望	小於等於64.55	25	19.92	5.275	12	28
	64.56~74.55	144	18.37	5.345	4	28
	74.56~84.55	574	18.17	4.843	4	28
	大於等於84.56	234	17.70	4.913	4	28
	總和	977	18.13	4.954	4	28
教師教學	小於等於64.55	25	41.84	8.260	19	49
	64.56~74.55	144	38.99	7.495	20	49
	74.56~84.55	574	39.40	6.879	7	49
	大於等於84.56	234	39.78	6.350	21	49
	總和	977	39.49	6.893	7	49
學校行政	小於等於64.55	25	28.88	6.160	14	35
	64.56~74.55	144	25.92	6.462	5	35
	74.56~84.55	574	25.18	6.089	5	35
	大於等於84.56	234	24.63	6.313	5	35
	總和	977	25.25	6.232	5	35
課程與學習環境	小於等於64.55	25	55.76	12.670	31	70
	64.56~74.55	144	53.44	11.586	10	70
	74.56~84.55	574	51.64	10.416	15	70
	大於等於84.56	234	52.37	9.704	15	70
	總和	977	52.18	10.513	10	70

三構面		個數	構面平均數總分	標準差	最小值	最大值
學習成效	小於等於64.55	25	58.88	10.557	40	70
	64.56~74.55	144	54.41	11.135	10	70
	74.56~84.55	574	56.03	9.817	19	70
	大於等於84.56	234	55.65	9.769	20	70
	總和	977	55.77	10.042	10	70

二、五學院整體資料之差異性分析

　　由表7-1得知，入學管道對學校評價、外界期望、教師教學、學校行政及課程與學習環境無顯著差異。但求知興趣有顯著差異，其他管道進來之學生滿意度最高，技優保送進來之學生滿意度最低。學習成效有顯著差異，繁星計劃進來之學生滿意度最高，技優保送進來之學生滿意度最低。而入學管道對學業成績未顯著差異，此結果是值得進一步探討。由表7-2得知，入學所屬居住區域對求知興趣無顯著差異，但入學所屬居住區域對學校評價、外界期望、教師教學、學校行政及課程與學習環境與學習成效有顯著差異。學校評價中南部滿意度最高，而中部最低；外界期望中南部滿意度最高，而北部最低；教師教學中南部滿意度最高，而東部最低；學校行政中南部滿意度最高，而東部最低；課程與學習環境中南部滿意度最高，而中部最低；學習成效中南與北部滿意度一樣最高，而中部最低。入學所屬居住區域對學業成績未顯著差異，此結果是值得進一步探討。

　　由表7-3得知，專業證照對外界期望與教師教學無顯著差異，而專業證照對學校評價、求知興趣、學校行政、課程與學習環境與學習成效有顯著差異。學校評價中丙級證照滿意度最高，而未取得最低；求知興趣中未取得滿意度最高，而乙級證照最低；學校行政

中丙級證照滿意度最高，而未取得最低；課程與學習環境中丙級證照滿意度最高，而未取得最低；學習成效中未取得最高，而乙級證照最低。專業證照對學業成績有顯著差異，取得乙級證照之成績最高。

　　由表7-4得知，工作（打工）經驗對學校評價、學校行政與課程與學習環境無顯著差異，而工作（打工）經驗對求知興趣、外界期望、教師教學與學習成效有顯著差異。求知興趣中學校打工滿意度最高，而兩者皆有最低；外界期望中無打工滿意度最高，而兩者皆有最低；教師教學中學校打工滿意度最高，而兩者皆有最低；學習成效中學校打工滿意度最高，而兩者皆有最低。工作（打工）經驗對學業成績有顯著差異，學校打工之學業成績最高而校外打工之學業成績最低。由表7-5得知，畢業後進路規劃對學校評價、求知興趣、外界期望、教師教學、學校行政及課程與學習環境無顯著差異。畢業後進路規劃對學業成績有顯著差異，成績好之同學偏向升學或報考公務人員。

表7-1　入學管道到之單因子變異數分析結果

五院整體	入學管道	各題項平均之總分	F值	p值	排序
求知興趣	繁星計劃（1） 技優保送（2） 技優甄審（3） 甄選入學（4） 聯合登記分發（5） 其他（6）	33.00 29.27 32.38 33.83 32.84 33.88	2.645	0.022	6>4>1> 5>3>2
學習成效	繁星計劃（1） 技優保送（2） 技優甄審（3） 甄選入學（4） 聯合登記分發（5） 其他（6）	0.33 49.00 54.74 56.44 55.07 56.59	2.141	0.059	1>6>4> 5>3>2

表7-2　入學所屬居住區域之單因子變異數分析結果

五院整體	入學所屬居住區域	各題項平均之總分	F值	p值	排序
學校評價	北區（1） 中區（2） 南區（3） 東區（4）	22.96 22.84 24.19 23.49	3.859	0.009	3>4>1>2
外界期望	北區 中區 南區 東區	16.57 17.83 18.74 17.49	7.670	0.000	3>2>4>1
教師教學	北區 中區 南區 東區	38.98 38.77 40.15 38.05	3.703	0.011	3>1>2>4
學校行政	北區 中區 南區 東區	24.82 24.59 25.87 23.74	4.166	0.006	3>1>2>4
課程與學習環境	北區 中區 南區 東區	50.87 50.74 53.34 51.38	4.606	0.003	3>4>1>2
學習成效	北區 中區 南區 東區	56.36 54.60 56.36 54.62	2.230	0.083	3,1>4>2

表7-3　專業證照之單因子變異數分析結果

五院整體	專業證照	各題項平均之總分	F值	p值	排序
學校評價	未取得（1） 丙級（2） 乙級（3）	22.46 24.35 24.30	12.350	0.000	2>3>1
求知興趣	未取得 丙級 乙級	33.93 32.96 32.88	3.156	0.043	1>2>3

五院整體	專業證照	各題項平均之總分	F值	p值	排序
學校行政	未取得 丙級 乙級	24.33 25.98 25.29	7.433	0.001	2>3>1
課程與學習環境	未取得 丙級 乙級	50.49 53.41 52.64	8.301	0.000	2>3>1
學習成效	未取得 丙級 乙級	56.74 55.28 54.80	2.965	0.052	1>2>3
五院整體	專業證照	平均成績	F值	p值	排序
學業成績	未取得 丙級 乙級	79.7698 79.7733 81.2125	2.864	0.058	3>2>1

表7-4　工作（打工）經驗之單因子變異數分析結果

五院整體	工作（打工）經驗	各題項平均之總分	F值	p值	排序
學校評價			1.224	0.300	
求知興趣	學校（1） 校外（2） 無（3） 兩者皆有（4）	34.78 32.94 33.81 30.45	4.822	0.002	1>3>2>4
外界期望	學校 校外 無 兩者皆有	18.51 17.91 18.59 15.90	2.750	0.042	3>1>2>4
教師教學	學校 校外 無 兩者皆有	40.99 39.39 39.51 35.20	4.132	0.006	1>3>2>4
學習成效	學校 校外 無 兩者皆有	57.73 55.34 56.42 49.85	4.303	0.005	1>3>2>4

五院整體	工作（打工）經驗	平均成績	F值	p值	排序
學業成績	學校	82.0033	6.896	0.000	1>3>4>2
	校外	79.2538			
	無	80.7574			
	兩者皆有	79.6925			

表7-5　畢業後進路規劃之單因子變異數分析結果

五院整體	畢業後進路規劃	各題項平均之總分	F值	p值	排序
學業成績	升學（1）	81.9207	6.172	0.000	1>3>2>5>4
	就業（2）	79.9398			
	參加公務人員考試（3）	81.8177			
	當兵（4）	77.2937			
	未決定（5）	79.8299			

伍、結論

　　學生對於學校評價、求知興趣及外界期望呈現較好的結果，其整體平均分數也都4分以上，除了人文暨資訊學院-E系之外界期望低於4分。在學習動機中，藥理學院與民生學院高於各變項的整體平均數，環境學院與人文學院低於各變項的整體平均數。學生對於教師教學、學校行政及課程與學習環境呈現良好的結果，其整體平均分數也都5分以上。在學習滿意度中，民生學院與休閒學院高於各變項的整體平均數，環境學院與人文學院低於各變項的整體平均數。學生對學習成效呈現良好的結果，其整體平均分數也都5分以上。在學習成效中，藥理學院與民生學院高於各變項的整體平均數，環境學院、休閒學院與人文學院略低於各變項的整體平均數。研究中也得知，五院中以人文暨資訊學院之E系之平均成績為最高81.7分，環境學院B系為最低78.51分。成績分組中以低於64.55分之人數最少（2.6%），成績較低之學生的各子構面的平均分數有較高

之現象，此結果也顯示學校在教學輔導上有些成效，學生迴饋現象，此結果可使學校輔導政策延續推動。

　　入學管道對學校評價、外界期望、教師教學、學校行政及課程與學習環境無顯著差異。但求知興趣有顯著差異，其他管道進來之學生滿意度最高，技優保送進來之學生滿意度最低。學習成效有顯著差異，繁星計劃進來之學生滿意度最高，技優保送進來之學生滿意度最低。而入學管道對學業成績未顯著差異，此結果是值得進一步探討。入學所屬居住區域對求知興趣無顯著差異，但入學所屬居住區域對學校評價、外界期望、教師教學、學校行政及課程與學習環境與學習成效有顯著差異。學校評價中南部滿意度最高，而中部最低；外界期望中南部滿意度最高，而北部最低；教師教學中南部滿意度最高，而東部最低；學校行政中南部滿意度最高，而東部最低；課程與學習環境中南部滿意度最高，而中部最低；學習成效中南與北部滿意度一樣最高，而中部最低。入學所屬居住區域對學業成績未顯著差異，此結果是值得進一步探討。

　　專業證照對外界期望與教師教學無顯著差異，而專業證照對學校評價、求知興趣、學校行政、課程與學習環境與學習成效有顯著差異。學校評價中丙級證照滿意度最高，而未取得最低；求知興趣中未取得滿意度最高，而乙級證照最低；學校行政中丙級證照滿意度最高，而未取得最低；課程與學習環境中丙級證照滿意度最高，而未取得最低；學習成效中未取得最高，而乙級證照最低。專業證照對學業成績有顯著差異，取得乙級證照之成績最高。工作（打工）經驗對學校評價、學校行政與課程與學習環境無顯著差異，而工作（打工）經驗對求知興趣、外界期望、教師教學與學習成效有顯著差異。求知興趣中學校打工滿意度最高，而兩者皆有最低；外界期望中無打工滿意度最高，而兩者皆有最低；教師教學中學校打工滿意度最高，而兩者皆有最低；學習成效中學校打工滿意度最高，而兩者皆有最低。工作（打工）經驗對學業成績有顯著差異，

學校打工之學業成績最高而校外打工之學業成績最低，一般較弱勢之學生打工之機會較大，學校對弱勢學生可提供工讀之政策，減少打工人數，提升專業能力。畢業後進路規劃對學校評價、求知興趣、外界期望、教師教學、學校行政及課程與學習環境無顯著差異。畢業後進路規劃對學業成績有顯著差異，成績好之同學偏向升學或報考公務人員，學校也每學期於圖書館提供學生學習指導之安排。

研究中也發現，成績較好之同學其對學校評價、求知興趣、外界期望、教師教學、學校行政、課程與學習環境與學習成效之滿意相對還是較高。上述之研究結果，作為學校擬定發展策略之參考，未來將以校務資料庫之資料再進行深入分析，使學校之發展策略更有效。

參考文獻

謝宜君、紀文章（2003）．網路教學學習動機、學習傾向及學習滿意度相關性之研究．**2003電子商務與數位生活研討會論文集**，1108-1125。

鄭采玉（2008）．國小學生社會領域學習動機與學習滿意度關係之研究．**國立屏東教育大學社會發展學系社會科教學碩士班碩士論文**，5。

吳鳳惠（2010）．雲林地區高職實用技能學成美髮技術科學生學習滿意度之研究．**台南科技大學生活應用科學研究所碩士論文**，10。

郭美貝、吳鳳惠（2010）．高職實用技能班學生學習滿意度與學習成果關係之研究．**2010時尚造型與創新設計學術研討會論文集**，173-182。

郭美貝、吳立安（2012）．美容系學生學習動機、學習滿意度與學習成效關係之研究．**美容科技學刊**，9（4），59-78。

何玉環（2010）．私立高職美容科學生家庭因素影響學習成效之研究．**2010時尚造型與創新設計學術研討會論文集**，159-166。

劉興郁、蔡瑞敏（2006）．組織改革知覺、學習動機對學習成效之影響．**2006工研院創新與科技管理研討會論文集**，1-13。

汪瑞芝、廖玲珠（2008）‧會計學作課程之學習行為與學習成效‧**當代會計**，9（1），105-130。

江彰吉（2010）‧重視學生學習成效提升台灣競爭力‧**評鑑月刊**，27，23-27。

Abraugh, J.B. (2000). How classroom environment and student engagement affecting in internet-based MBA courses. *Business Communication Quarlerly*, 4 , 9-26.

Berger, J.B. & Milem, J.F. (2002). The impact of community service involvement on three measures of undergraduate self-concept. *NAPSA Journal*, 40, 85-103.

Field, H.S. & Gill, W.G. (1980). Student satisfaction with graduate education: Dimensionality and assessment in a school of business. *Education Resarch Quarterly*, 5, 66-73.

Harlan, W. & Crick, R.D. (2003). Testing and motivation for learning. *Assessment in Education*, 10, 169-207.

Harrell, A.M. & Stahl, M.J. (1984). Mcclelland's trichotomy of needs theory and the job satisfaction and work performance of cpa firm professionals. *Accounting organization and society*, 1, 241-252.

Reed, J.G., Lahey, M.A. & Downey, R.G. (1986). Development of the college descriptive index:A measure of student satisfaction. *Measurement and Evaluation in counseling and Development*, 7, 67-82.

Small, R.V. & Venkatesh, M. (2000). A cognitive-motivation model of decision satisfaction. *Instructional science*, 28, 1-22.

Witt, P. & Handal, P. (1984). Person-environment fit: is satisfaction predicted by congruency, environment or personality. Jonrnal of college studrnt personnel, 25, 503-508.

你的學生從何而來？
學生來源對招生決策之有效性探究

靜宜大學社會企業與文化創意碩士學位學程、
招生專業化辦公室助理教授
沈碩彬

壹、緒論

近年來教育部針對「12年國民基本教育」政策有許多實務推動，以高中而言，108學年高中入學生是首批迎接新課綱課程的學生，平時需要上傳課程成果、多元表現等項目，以累積「學習歷程檔案」，於111學年申請入學時作為審查資料，因此，新課綱可說是為高中課程、教學與學習都帶來許多變革。此外，高中生的下一階段「大學」也無法置身其外，教育部藉由「招生專業化發展計畫」的實施，逐步要求各校系訂定「評量尺規」（rubrics），藉以對申請入學考生的備審資料評分，進而以更公正、有效的標準來擇才（教育部高教司，2020）。上述高中生的學習歷程檔案與大學校系的評量尺規，可謂是一體兩面，因為評量尺規裡面描述的就是「該校系希望能看見哪些學習歷程檔案內容」之擇才標準，因此，高中育才與大學擇才可說是互利共生的連動關係。再者，教育部在2015年開始即倡行大學「校務研究」（institutional research），2018年更將校務研究併入「高教深耕計畫」，而「招生專業化發展

計畫」也需納入校務研究的精神，針對招生議題進行分析，以提供各校系招生策略之擬定。凡此種種，皆是為了鼓勵大學彰顯出以事證為基礎（evidenced-based）的校務決策精神，因而校務決策不再是空穴來風或是憑藉長官的一己之言（陳思光、常善媚、林珊如，2020）。以上所言為本研究背景所在。

從資料面來看，高中與大學是人生中兩個重要的學習階段，個人學習歷程也是自高中到大學串連而成，不宜斷裂視之。為配合新課綱推動，教育部國民及學前教育署（以下簡稱國教署）委託暨大教政系統建置「高級中學學生學習歷程資料庫」，並且與幾所大學合作進行「高中學習歷程資料與校務研究結合應用分析」試行，期望能藉此提供相關資訊，俾利學習歷程資料庫更加符合所需（祝若穎，2020）。對大學而言，招生宣傳能夠增加校系的曝光度，藉以讓學生對大學校系有更正確的認知而能擇其所好；此外，大學也需關注擇才過程要能夠篩選出符合學系特質的學生，才能預知該學生是否會有良好的大學適應情形，包括其學業表現與休、退學可能性（林松柏、陳蓮櫻，2020）。此外，也有大學關注：來自某個明星學校或縣市的學生是否會有比較好的大學表現（祝若穎，2020；王維菁、謝維軒，2020）？各家說法不一，此也連帶影響「招生專業化」的程度。質言之，本研究期能瞭解本校不同學生來源（如入學管道、高中縣市、高中學校）之大學表現，並且探究高中表現對大學表現的預測力，藉以釐清教師們對於申請入學審查作業的迷思，此為本研究之主要動機。研究之主要目的如下：

(一) 瞭解106、107學年入學生之高中、大學表現情形，並且比較兩學年異同。

(二) 探索不同入學管道、高中縣市、高中學校之入學生，其高中、大學表現情形。

(三) 明晰人口變項、高中表現對大學表現之預測力。

項目	內容	
參採考科	數學A、數學B、不選	
學習準備建議方向	**修課紀錄** 1.本系屬＿＿學群，參考部定必修，加深加廣選修、校訂必修及多元選修及綜合型高中之課程等修課紀錄進行綜合評量。 2.本系考部定必修與加深加廣選修之重點領域：(1)語文領域、(2)數學領域、(3)自然科學領域、(4)社會領域、(5)藝術領域或藝術才能班及藝術才能資優班之藝術才能專長領域、(6)科技領域、(7)綜合活動領域、(8)健康與體育領域，或體育班之體育專業科目 3.學業總成績	針對校系選材理念等大方向撰寫
	課程學習成果 學生可就下列內容或其他課程學習成果選擇提供，至多3件，本系據以綜合評量。 1.書面報告or 2.實作作品or 3.自然科學領域探究與實作成果或特殊類型班級之相關課程學習成果or 4.社會領域探究活動成果或特殊類型班級之相關課程學習成果	
	多元表現 學生可就下列內容或其他有利審查資料選擇提供，至多10件，並另撰寫「多元表現統整心得」，本系據以綜合評量。 1.高中自主學習計劃與執行成果or 2.社團活動經驗or 3.擔任幹部經驗or 4.服務學習經驗or 5.競賽表現or 6.非修課紀錄之成果作品or 7.檢定證照or 8.特殊優良表現證明	
學習歷程自述	1.高中學習歷程反思or 2.就讀動機or 3.未來學習計畫與生涯規劃	
	由大學校系自訂：至多3項（每項自填10字以內）	

圖1　大學申請入學參採高中學習歷程資料格式範例

資料來源：大學招生委員會聯合會（2021）。大學招生參採高中學習歷程暨數學考科參採調查說明會簡報。https://reurl.cc/ARzD88

貳、文獻探討

一、高中與大學的育才連動

　　在新課綱推動下，高中課程包括部定必修、校訂必修、選修（含加深加廣、補強性、多元選修）等類型，其中部定必修是由教育部中央統一規劃，校訂必修是由各高中規劃而具有學校本位課程意義，加深加廣及補強選修均是符合不同學生需求而實施的課程，多元選修是提供適性的多元課程供學生選擇，此外，在「彈性學習時間」可進行如自主學習、加深加廣/補強性課程或學校特色活動等（教育部，2021；國教署，2021）。在學習歷程檔案裡，如實記載了高中生的上述種種修課紀錄、課程學習成果、多元表現等部分。大考中心亦於2020年4月公告111學年之大學申請入學參採高中學習歷程資料，內容範例如圖1所示。在此規劃下，高中為加強課

程的多元性，彌補部分課程暫時性的師資不足，可與鄰近大學洽談各式合作方案，為學生學習帶來更多元的風貌。例如：（一）課程設計：由大學教師輔助高中教師增能，開設多元選修、第二外語課程；（二）彈性學習時間：由大學教師協助高中生進行自主學習或微課程；（三）營隊活動：由大學與高中攜手合辦營隊（靜宜大學，2021）。因此，高中與大學的育才合作可說是新課綱施行下的新趨勢。

二、高中與大學的資料連動

如前所述，國教署委託暨大教政系統建置「高級中學學生學習歷程資料庫」（資料收錄傳送流程如圖2所示），逐年收錄高中在學期間之學業及非學業表現資料，除供高中教育主管單位綜整分析該校學生基本學力外（高中育才），同時也將銜接大學入學選才運用（國教署、暨大教政系統，2019）。對大學而言，除了藉由該資料庫對學生備審資料（以學習歷程檔案方式呈現）進行評分，更可結合校務研究方法，逐步訂定適切有效的選才條件及適性教學輔導機制。是以，大學若能善用高中學習歷程資料庫內容，與大學資料相介接，就能進行更充實的招生議題分析。

近幾年已有部分研究產出，如：清華大學探究「社區/明星高中入學生的高中與大學表現差異」（祝若穎，2020）；交通大學探究「不同入學管道、公立／私立／明星高中入學生之大學成績差異」（王維菁、謝維軒，2020）；暨南國際大學探究「高中各科目成績對大學表現的預測力」（林松柏、陳蓮櫻，2020）。可知各校皆依照其需求發展出多元招生議題，並且介接高中與大學資料進行分析，以獲得對該招生議題之洞見，從而協助校方進行招生校務決策。

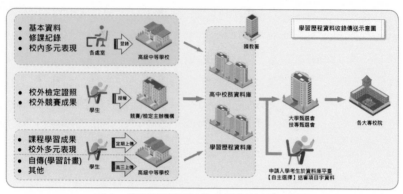

圖2　學習歷程資料收錄傳送流程示意圖

資料來源：賴冠瑋（2017）。學習歷程資料收錄傳送流程示意圖簡報內容。http://140.122.249.211/sap/upload/3/20180312002918130.pdf

三、本校相關研究

本校招生專責辦公室持續致力於學生入學前、在學、畢業後之資料連動研究。2018年5月至11月間與全球華人股份有限公司之1111人力銀行職能中心合作，獲得工業局補助「智慧IR學用合一大數據」計畫，該計畫並結合具有大數據技術之廠商，如：榮光公司提供數據分析技術、意藍公司提供網路輿情分析技術，創造智慧IR學用合一的大數據生態系，進而發展出校系視覺化互動查詢、適性測驗與課程推薦、校系輿情以及畢業生就業決策等四大系統（如圖3所示）（沈碩彬、林家禎，2018）。其中畢業生就業決策系統係針對有於該人力銀行登錄帳號之學生，介接其高中、大學與就業資訊，進行去識別化的資料串接與分析，進而形成學習軌跡範本，提供學弟妹參考。然而，高中端資料僅限於學測成績，因而分析範圍及應用程度有所限制。若能如前述12年國教政策支持，在合理、合

情、合法範圍內，針對高中生學習歷程檔案資料庫內容與本校學生資料相互介接分析，必能大幅增益資料分析範圍與應用程度。

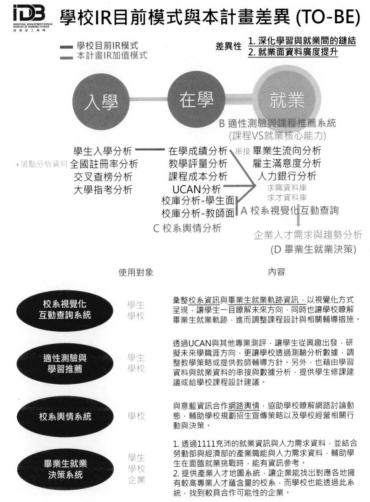

圖3　入學—在學—就業整合性系統簡介

資料來源：全球華人股份有限公司（2018）。智慧IR學用合一大數據計畫書。未出版。

參、研究方法

一、研究架構

本期研究架構如圖4所示，以學生來源（含入學管道、高中縣市、高中學校）為預測變項，高中表現（含請假節數、高中三年之學業平均分數、科PR值、校PR值）與大學表現（請假天數、社團數、是否休學、是否退學、各學期學業成績系PR值）為結果變項；另外，探究高中表現對大學表現的預測力。

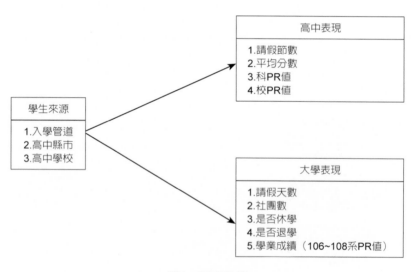

圖4　研究架構

二、研究方法

　　本研究預計撈取學校資料庫中106-107學年本校入學生之個人與學習表現資料進行分析。包括對106學年入學生進行大一至大三表現分析，及對107學年入學生進行大一至大二表現分析。所運用的統計技術有描述統計、t檢定、one-way ANOVA、階層迴歸分析等，統計軟體則使用有IBM SPSS Statistics 22.0。研究資料欄位可分為如下數項：

　　（一）生源管道或地區：入學管道、高中縣市別、高中學校別。

　　（二）高中資料：請假節數、學業平均分數、科PR值、校PR值。

　　（三）大學資料：請假天數、社團數、休學率、退學率（公式：總休學或退學人數／入學人數）、107系PR值、108系PR（公式：PR=100-（100R-50）/N，R為排名、N為系學生數）。

三、研究對象

　　研究對象為本校106、107學年入學生，106學年有2674人，男女比例約為2:3，管理、人社、理、外語、資訊、國際等六大學院人數比例約為9:6:5:4:4:1，繁星、申請入學、類繁星、考試分發、技專甄審等主要入學管道人數比例約為5:14:3:10:2；107學年有2649人，亦有如上類似比例。此外，兩學年學生人數前五多高中縣市均為：台中市、高雄市、彰化縣、台南市、桃園市，學生人數前五多的高中有四所皆位於台中市。

四、研究範圍與限制

本研究採用校務資料庫並介接教育部提供之高中端資料進行研究，其結果僅適合解釋本校學生表現，不宜過度詮釋。其次，由於僑生、海外生、陸生等未具高中資料，以及教育部提供高中端測試資料尚未齊全，因而欠缺部分高中資料，以上為本研究主要限制。

肆、結果與討論

一、106、107學年入學生高中、大學整體表現

如表1係以描述統計與t考驗呈現入學生高中、大學表現。可知106、107學年整體入學生有如下情形：（一）**高中請假節數**：分別為122.59、143.69節。（二）**高中平均分數**：分別為70.43、71.10分。（三）**高中科PR值**：分別為45.79、47.45。（四）**高中校PR值**：分別為45.14、46.74。（五）**大學請假天數**：分別為21.97、16.40天。（六）**大學社團數**：分別為1.39、1.08個。（七）**大學休學率**：分別為8%、4%。（八）**大學退學率**：分別為12%、5%；（九）106學年請假天數較少，但107學年入學生成績較佳。由於106入學生均比107入學生多加總一學年，因而大學請假天數、社團數、休學率、退學率會相對較多，此結果僅供參考。

觀察上述結果，從高中科、校PR值可知：本校招收學業成績約略於中間程度的學生，且從高中請假節數、大學請假天數、社團數、休退學率等結果皆可獲知學生入學前後之大致特質與情形。以上相關資料另由相關單位（如教務處綜合業務組、校務研究辦公室）進行院、系細部分析，提供教學單位參考（教育部，2017）。

二、不同入學管道生源之高中、大學表現

如表2-表3係以one-way ANOVA探索106-107學年不同管道入學生之高中、大學表現，以兩學年之共同趨勢為主，可歸納結果如下：**（一）高中請假節數：**介於95.52-144.78、123.04-150.36節間，兩學年均以申請入學生的高中請假節數較多。**（二）高中平均分數：**介於67.39-77.30、69.31-77.73間，兩學年均以繁星、技專甄審生的高中平均分數較高，其次則為類繁星生。**（三）高中科PR值：**介於36.96-70.62、40.47-73.00間，兩學年由高而低依序均為繁星生、類繁星生、技專甄審、申請入學生與考試分發生。**（四）高中校PR值：**介於44.27-67.73、39.72-65.91間，兩學年均以繁星入學生的高中校PR值較高，其次為類繁星生、技專甄審生。**（五）大學請假天數：**介於18.71-26.99、13.37-18.18天間，兩學年均以繁星入學生的大學請假天數較少。**（六）大學社團數：**介於1.30-1.46、0.85-1.16個間，兩學年入學管道間均無顯著差異。**（七）大學休學率：**介於4%-10%、2%-4%間，106學年以考試分發生的大學休學率較高，107學年則無顯著差異。**（八）大學退學率：**介於6%-16%、2%-7%間，106學年以考試分發生的大學退學率較高，107學年則無顯著差異。**（九）大學系PR值：**介於42.0-68.20、37.97-47.77間，兩學年均以繁星、類繁星生高於申請入學、考試分發，而技專甄審生的成績優勢則有逐年降低趨勢。

綜上可知：本校可藉由繁星與類繁星管道招收到高中與大學成績均優的學生，而考試分發入學者則有較多休、退學率，顯示考試分發管道較可能招收到缺乏學系認同或學習動機的學生（唐傳義、鄭曉芬，2019）。由於110學年度以前本校類繁星管道亦屬申請入學之一組，其考生資格為高中校排前50%，但免書審及面試，111學年度後則因考招制度變革而取消之，因此，未來申請入學生的高中、大學表現可能有所變動，值得再觀察其變化。

表1　本校入學生的高中、大學表現摘要表

| 學年 | 高中表現 | | | | | | | |
| | 請假節數 | | 平均分數 | | 科PR值 | | 校PR值 | |
	N	M	SD	M	SD	M	SD	M	SD
106	2674	122.59	135.79	70.43	7.36	45.79	22.92	45.14	22.79
107	2649	143.69	156.73	71.10	8.80	47.45	25.41	46.74	25.15
t值		-4.98***		-2.88**		-2.38*		-2.31*	
結果		106.<107.		106.<107.		106.<107.		106.<107.	

| 學年 | 大學表現 | | | | | | | |
| | 請假天數 | | 社團數 | | 休學率 | | 退學率 | |
	N	M	SD	M	SD	M	SD	M	SD
106	2674	21.97	19.38	1.39	2.10	21.97	19.38	1.39	2.10
107	2649	16.40	13.95	1.08	1.63	16.40	13.95	1.08	1.63
t值		11.78*		6.03***		6.13***		8.69***	
結果		106.>107.		106.>107.		106.>107.		106.>107.	

*p<.05. **p<.01. ***p<.001.

表2　主要入學管道生的高中、大學表現摘要表（106學年）

| 入學管道 | 高中表現 | | | | | | | |
| | 請假節數 | | 平均分數 | | 科PR值 | | 校PR值 | |
	N	M	SD	M	SD	M	SD	M	SD
繁星生	370	104.85	92.75	75.89	4.65	104.85	92.75	75.89	4.65
申請入學	1042	144.78	154.34	68.36	6.94	144.78	154.34	68.36	6.94
類繁星	205	98.70	87.00	74.59	3.93	98.70	87.00	74.59	3.93
考試分發	736	104.76	131.58	67.39	6.64	104.76	131.58	67.39	6.64
技專甄審	143	95.52	110.77	77.30	7.16	95.52	110.77	77.30	7.16
F值		14.30***		188.59***		339.67***		331.34***	
結果		B>A.C.D.E		A.E>C>B.D		A>C>E>B.D		A>C.E>B.D	

入學管道		大學表現														
		請假天數		社團數		休學率		退學率		106系PR值		107系PR值		108系PR值		
	N	M	SD	M	SD	M	SD	M	SD	M	SD	M	SD	M	SD	
繁星生	370	19.10	18.29	1.30	1.83	0.05	0.22	0.09	0.29	68.20	24.67	67.84	25.31	67.73	24.92	
申請入學	1042	22.39	18.40	1.46	2.17	0.07	0.26	0.11	0.32	44.91	26.27	45.59	26.25	46.94	25.77	
類繁星	205	18.71	18.65	1.17	1.85	0.06	0.24	0.06	0.24	65.39	25.24	65.02	26.10	63.90	26.56	
考試分發	736	22.37	19.46	1.40	2.16	0.10	0.30	0.16	0.37	42.33	25.95	42.80	25.87	44.27	25.36	
技專甄審	143	26.99	20.46	1.44	2.15	0.04	0.20	0.08	0.28	56.22	26.89	51.45	27.89	49.84	25.70	
F值		6.21***		1.08		3.02*		6.22***		88.23***		73.99***		60.72***		
結果		E>A.C				D>A.E		D>A.B.C. E;B>C		A.C>E>B.D		A.C>B.D.E; E>D		A.C>B.D.E		

註：本表格僅列本校主要五種入學管道，表格中「申請入學」係指申請入學管道之「一般組」，「類繁星」則是指申請入學管道之「類繁星」組（考生資格為：高中校排前50%，免書審、面試），此管道至111學年度因考招制度變革而取消。*p<.05. ***p<.001.

表3　主要入學管道生的高中、大學表現摘要表（107學年）

入學管道		高中表現							
		請假節數		平均分數		科PR值		校PR值	
	N	M	SD	M	SD	M	SD	M	SD
繁星生	331	123.04	138.74	75.82	8.51	73.00	13.82	70.60	14.53
申請入學	1053	150.36	147.91	69.31	8.00	39.10	22.17	38.26	21.78
類繁星	189	130.23	113.23	73.59	10.14	68.77	13.41	65.91	14.20
考試分發	758	133.63	161.87	69.69	8.20	40.47	24.20	39.72	23.69
技專甄審	138	119.79	101.48	77.73	8.12	58.75	26.74	64.56	27.10
F值		3.49**		69.35***		227.00***		223.31***	
結果		B>A.E		A>B.D E>C>B.D		A>C>E>B.D		A>C>B.D E>B.D	

入學管道	大學表現												
		請假天數		社團數		休學率		退學率		107系PR值		108系PR值	
	N	M	SD	M	SD	M	SD	M	SD	M	SD	M	SD
繁星生	331	13.37	11.95	1.07	1.48	0.02	0.15	0.04	0.20	65.90	25.74	65.41	25.53
申請入學	1053	16.92	14.02	1.16	1.73	0.04	0.20	0.05	0.21	44.62	26.80	46.13	27.19
類繁星	189	16.43	13.33	0.85	1.53	0.04	0.19	0.04	0.19	58.73	23.99	58.29	25.66
考試分發	758	16.04	13.32	1.01	1.54	0.03	0.18	0.07	0.25	47.67	26.85	48.11	27.04
技專甄審	138	18.18	13.99	0.96	1.51	0.03	0.17	0.02	0.15	56.39	26.16	54.90	26.57
F值		4.89**		2.12		.82		2.05		48.36***		36.12***	
結果		B.D.E>A								A>E>B.D C>B.D		A>B.D.E C>B.D;E>B	

註：本表格僅列本校主要五種入學管道，表格中「申請入學」係指申請入學管道之「一般組」，「類繁星」則是指申請入學管道之「類繁星」組（考生資格為：高中校排前50%，免書審、面試），此管道至111學年度因考招制度變革而取消。**p<.01．***p<.001.

三、不同高中縣市生源之高中、大學表現

如表4-表5係以one-way ANOVA探索106-107學年不同主要生源縣市入學生之高中、大學表現，以兩學年之共同趨勢為主，可歸納結果如下：（一）**高中請假節數**：介於93.69-198.92、100.62-242.59間，兩學年均以雲林縣入學生的高中請假節數較少。（二）**高中平均分數**：介於66.61-72.06、70.13-74.27間，兩學年均以彰化縣、桃園市、雲林縣、屏東縣入學生的高中平均分數較佳。（三）**高中科PR值**：介於38.74-51.16、43.2-55.96間，兩學年均以苗栗縣、屏東縣入學生的高中科PR值較佳。（四）**高中校PR值**：介於37.96-50.83、44.51-55.7間，兩學年均以苗栗縣、屏東縣入學生的高中校PR值較佳。（五）**大學請假天數**：介於18.97-25.98、13.81-19.58間，106學年無顯著差異，107學年則以彰化縣、台南市入學生的大學請假天數較少。（六）**大學社團數**：介於1.14-1.66、0.74-1.49間，106學年無成對顯著差異，107學年則以高雄市、雲林縣、台北市入學生的大學社團數較多，而以台中市入學生的大學社團數較少。（七）

大學休學率：分別介於4%-10%、1%-5%間，兩學年縣市間均無顯著差異。（八）**大學退學率**：分別介於6%-18%間、2%-10%，兩學年縣市間均無顯著差異。（九）**大學系PR值**：分別介於42.07-56.29、39.34-50.45間，兩學年縣市間均無顯著差異。

綜上可知：（一）藉由不同縣市可招收到不同特質的學生，如：雲林縣入學生的高中請假數較少；而苗栗縣、屏東縣入學生的高中成績較佳，顯示位於非五都城市的成績優秀學生，較願意到本校就讀；（二）大學表現而言，不同縣市間僅於請假天數、社團數有少部分差別，且兩學年度結果並不一致，而於成績與休退學率則完全無顯著差異，顯示由不同縣市生源帶來的學生特質差異，至大學時這些差異已逐漸消失。

表4　主要生源縣市入學生的高中、大學表現摘要表（106學年）

生源縣市	N	請假節數		平均分數		科PR值		校PR值		請假天數		社團數	
		M	SD	M	SD	M	SD	M	SD	M	SD	M	SD
1. 臺中市	560	138.02	135.77	70.46	7.84	43.44	23.71	43.21	24.08	22.36	19.86	1.14	1.85
2. 高雄市	221	146.8	183.31	67.99	7.88	47.11	22.57	46.35	22.3	22.71	20.75	1.70	2.38
3. 彰化縣	202	122.58	139.69	71.67	6.72	46.65	24.26	45.06	23.99	20.68	18.43	1.34	2.16
4. 臺南市	196	97.28	101.99	70.26	6.18	41.7	23.37	41.32	22.52	22.71	17.84	1.51	2.38
5. 桃園市	172	93.92	95.83	71.03	7.43	47.82	23.66	46.98	23.99	18.97	15.60	1.45	1.99
6. 苗栗縣	165	113.96	91.68	70.23	5.81	51.16	20.37	50.83	20.37	20.26	17.42	1.45	2.05
7. 新北市	136	118.6	160.62	68.41	8.17	49.44	21.84	48.29	21.67	20.91	17.59	1.22	1.71
8. 雲林縣	111	93.69	91.63	72.06	4.82	38.74	19.3	37.96	18.7	23.71	19.94	1.66	2.33
9. 屏東縣	104	117.64	101.84	71.59	5.05	48.32	20.18	47.91	20.35	19.05	13.57	1.47	1.68
10. 台北市	87	198.92	264.87	66.61	11.91	43.19	24.6	41.94	23.53	25.98	22.88	1.26	2.05
F值		6.42***		7.78***		4.41***		4.23***		1.64		1.93*	
結果		(1)(2)(10)>(4)(5)(8)		(1)(4)(5)>(2)(3)(8)(9)>(2)(7)(10)		(2)(5)(7)(9)>(8)(6)>(1)(4)(8)		(2)(5)(7)(9)>(8)(6)>(1)(4)(8)				N.S.	

生源縣市	N	休學率		退學率		106系PR值		107系PR值		108系PR值	
		M	SD	M	SD	M	SD	M	SD	M	SD
1. 臺中市	560	0.06	0.25	0.08	0.27	46.38	27.90	48.25	27.48	50.48	26.60
2. 高雄市	221	0.06	0.24	0.12	0.33	52.58	27.19	50.10	26.87	48.89	26.57
3. 彰化縣	202	0.04	0.20	0.07	0.25	54.46	27.76	56.29	27.81	55.00	27.75
4. 臺南市	196	0.04	0.20	0.09	0.28	52.31	27.81	51.41	28.59	51.41	27.25
5. 桃園市	172	0.07	0.26	0.13	0.33	53.73	29.44	52.13	27.85	53.34	27.11
6. 苗栗縣	165	0.07	0.25	0.08	0.28	51.84	27.27	53.77	26.71	54.97	26.43
7. 新北市	136	0.08	0.27	0.13	0.34	48.12	26.56	49.62	27.35	52.68	26.91
8. 雲林縣	111	0.05	0.23	0.06	0.24	50.55	24.26	49.99	26.03	51.80	25.62
9. 屏東縣	104	0.07	0.25	0.11	0.31	53.31	26.50	50.16	27.04	49.21	26.70
10.台北市	87	0.10	0.31	0.18	0.39	42.07	28.21	43.66	29.99	46.09	28.68
F值		0.80		2.00*		3.49***		2.23*		1.35	
結果				N.S.		N.S.		N.S.			

註：表格中編號1-10係代表106學年前10名生源縣市（人數排行由多至少），此排行順序與107學年相同。$^*p<.05.$ $^{***}p<.001.$ N.S.代表未有任何成對達成顯著

表5　主要生源縣市入學生的高中、大學表現摘要表（107學年）

生源縣市	N	請假節數		平均分數		科PR值		校PR值		請假天數	
		M	SD	M	SD	M	SD	M	SD	M	SD
1. 臺中市	619	149.80	137.97	70.67	7.23	43.98	26.32	43.97	26.51	16.29	13.66
2. 高雄市	261	167.17	152.26	70.16	6.36	47.92	23.86	47.30	23.46	19.58	15.94
3. 彰化縣	243	126.18	165.91	72.16	5.24	43.20	21.68	43.82	21.45	15.05	12.13
4. 臺南市	198	125.40	147.13	71.60	7.94	46.07	26.56	43.51	25.18	13.81	12.85
5. 桃園市	177	122.09	157.21	72.73	7.60	49.19	25.11	48.56	25.88	15.84	13.61
6. 苗栗縣	141	136.68	126.57	70.18	5.86	53.79	22.60	53.27	22.53	18.17	14.27
7. 新北市	128	118.94	140.65	70.13	7.63	50.05	27.01	49.46	26.65	14.78	13.47
8. 雲林縣	109	100.62	102.47	74.27	4.97	45.52	23.17	43.61	22.58	15.63	12.61
9. 屏東縣	98	135.99	108.70	73.90	4.85	55.96	22.82	55.70	22.98	16.49	12.38
10.台北市	83	242.59	323.29	71.07	11.17	52.34	27.92	52.27	27.55	18.72	15.76
F值		6.87***		7.12***		5.09***		5.04***		3.23**	
結果		(1)(2)(10)>(8)		(3)>(1)(2)(6) (5)>(2)(6) (8)>(1)(2)(3)(4)(6)(7) (9)>(1)(2)(6)(7)		(6)>(1)(3) (9)>(1)(3)(4)		(6)(9)> (1)(3)(4)(8)		(2)>(3)(4)	

生源縣市	N	社團數		休學率		退學率		107系PR值		108系PR值	
		M	SD	M	SD	M	SD	M	SD	M	SD
1. 臺中市	619	0.74	1.37	0.03	0.16	0.04	0.19	44.13	28.43	44.41	29.54
2. 高雄市	261	1.26	1.63	0.05	0.23	0.05	0.21	41.59	26.35	45.17	28.13
3. 彰化縣	243	1.12	1.63	0.05	0.23	0.05	0.23	46.30	29.24	42.35	29.05
4. 臺南市	198	0.89	1.50	0.04	0.19	0.07	0.26	45.53	29.04	46.88	29.27
5. 桃園市	177	1.19	1.71	0.03	0.18	0.05	0.22	42.07	29.18	44.97	27.11
6. 苗栗縣	141	1.16	1.79	0.04	0.20	0.06	0.22	40.85	27.81	42.85	26.61
7. 新北市	128	1.02	1.48	0.05	0.23	0.05	0.21	41.58	27.52	39.34	27.20
8. 雲林縣	109	1.40	1.85	0.02	0.13	0.05	0.21	43.21	27.50	40.26	26.68
9. 屏東縣	98	1.02	1.61	0.03	0.17	0.10	0.30	47.07	28.77	44.81	27.95
10.台北市	83	1.49	1.73	0.01	0.11	0.02	0.15	50.45	28.90	45.36	27.42
F值		5.06***		1.05		1.24		1.09		.75	
結果		(2)(8)(10)>(1)									

註：表格中編號1-10係代表107學年前10名生源縣市（人數排行由多至少），此排行順序
與106學年相同。$^{**}p<.01.$ $^{***}p<.001.$

四、不同高中學校生源之高中、大學表現

如表6-表7係以one-way ANOVA探索106-107學年不同主要生源高
中入學生之高中、大學表現，表格中均以代號呈現高中校名。以兩
學年之共同趨勢為主，可歸納結果如下：（一）**高中請假節數**：介
於61.72-174.00、80.76-187.69間，兩學年均以編號2、10兩所高中入
學生的高中請假節數較少，此兩所高中分別位於台中市、雲林縣。
（二）**高中平均分數**：介於62.48-76.08、66.69-77.16間，兩學年呈
現的資訊並不一致。（三）**高中科PR值**：介於31.16-61.75、34.54-
58.57間，兩學年均以編號5高中入學生的高中科PR值較高。（四）
高中校PR值：介於29.43-60.02、34.82-66.00間，兩學年均以編號2、
5高中入學生的高中校PR值較高。（五）**大學請假天數**：介於16.16-
33.71、11.42-19.58間，106學年以編號7高中入學生的大學請假天數
較少，107學年無顯著差異。（六）**大學社團數**：介於0.77-2.03、

0.46-1.20間，兩學年高中間均無顯著差異。（七）**大學休學率**：介於0-14%、0-12%間，兩學年高中間均無顯著差異。（八）**大學退學率**：介於3%-18%、0-15%間，兩學年高中間均無顯著差異。（九）**大學系PR值**：介於41.39-57.97、34.76-60.42間，兩學年高中間均無顯著差異。

綜上可知：（一）藉由不同高中可招收到不同特質的學生，如：編號2、10高中入學生的高中請假數較少，編號2、5等兩所鄰近台中的高中入學生的成績較佳；（二）大學表現而言，不同高中間僅於請假天數有少部分差別，而於成績與休退學率則完全無顯著差異，顯示由不同高中生源帶來的學生特質差異，至大學時這些差異已逐漸消失。

表6　主要生源高中入學生的高中、大學表現摘要表（106學年）

生源高中	N	請假節數		平均分數		科PR值		校PR值		請假天數		社團數	
		M	SD	M	SD	M	SD	M	SD	M	SD	M	SD
1.	56	166.39	95.48	71.34	5.35	46.03	20.64	46.03	20.64	19.70	16.16	1.41	2.02
2.	55	74.93	66.39	70.95	4.92	48.76	20.69	49.42	20.63	19.54	15.38	1.24	2.25
3.	46	124.48	167.17	76.08	6.78	54.10	23.05	58.40	23.31	33.71	26.48	0.85	1.30
4.	39	128.72	97.98	75.04	5.16	61.75	20.11	60.02	20.09	19.71	12.90	0.92	1.60
5.	38	119.84	94.28	67.86	5.59	54.02	19.15	54.43	19.02	17.36	18.81	1.29	1.64
6.	37	173.38	91.96	67.45	8.15	48.39	23.91	48.35	23.92	25.53	17.52	0.95	1.51
7.	35	174.00	203.46	62.48	13.30	32.27	26.37	29.98	25.25	16.16	12.46	0.77	1.73
8.	34	107.09	90.57	65.54	5.69	32.46	21.76	29.43	19.78	24.06	22.77	1.47	2.15
9.	32	167.91	96.41	67.18	4.89	41.50	16.56	39.98	16.69	20.47	14.75	1.31	1.84
10.	32	64.72	61.51	68.80	4.32	31.16	18.88	30.36	18.02	20.73	18.93	2.03	2.92
F值		4.63***		14.91***		8.63***		11.14***		3.21**		1.14	
結果		(1)(6)(9)>(2)(10)		(1)(2)>(7)(8)(9)(3)(4)>(1)(2)(4)~(10)		(3)(4)>(7)(8)(10)(5)>(8)(10)		(2)>(8)(3)(4)(5)>(7)(8)(10)		(3)>(7)			

生源高中	N	休學率 M	休學率 SD	退學率 M	退學率 SD	106系PR值 M	106系PR值 SD	107系PR值 M	107系PR值 SD	108系PR值 M	108系PR值 SD
1.	56	0.02	0.13	0.09	0.29	46.30	26.85	52.90	26.19	51.96	26.72
2.	55	0.04	0.19	0.04	0.19	55.49	25.23	55.54	24.96	57.15	26.32
3.	46	0.07	0.25	0.07	0.25	41.39	25.95	46.75	25.15	47.39	24.24
4.	39	0.08	0.27	0.08	0.27	52.18	27.80	53.18	27.09	54.45	29.36
5.	38	0.11	0.31	0.18	0.39	47.01	26.35	49.39	28.79	55.17	26.63
6.	37	0.05	0.23	0.08	0.28	46.93	29.78	46.23	29.96	48.84	29.77
7.	35	0.14	0.36	0.11	0.32	48.71	31.45	48.06	31.23	53.06	29.19
8.	34	0.00	0.00	0.03	0.17	52.80	27.09	51.97	25.34	52.13	27.43
9.	32	0.06	0.25	0.06	0.25	54.77	30.21	57.97	27.16	57.22	24.84
10.	32	0.06	0.25	0.13	0.34	49.52	24.96	51.29	27.16	53.42	25.30
F值		1.16		1.05		0.35		0.69		0.85	
結果											

註：表格中編號1~10係代表106學年前10所生源高中（人數排行由多至少），此排行校序與107學年相同。$^{**}p<.01$ $^{***}p<.001$

表7　主要生源高中入學生的高中、大學表現摘要表（107學年）

生源高中	N	請假節數 M	請假節數 SD	平均分數 M	平均分數 SD	科PR值 M	科PR值 SD	校PR值 M	校PR值 SD	請假天數 M	請假天數 SD
1.	59	187.69	115.28	70.59	5.49	41.24	24.06	41.24	24.06	17.43	13.47
2.	56	101.30	98.20	69.96	4.48	58.57	18.20	59.25	18.34	13.94	12.88
3.	54	168.69	94.56	66.69	6.10	44.24	21.80	44.24	21.80	18.14	14.89
4.	52	137.21	173.51	70.33	4.58	47.40	26.24	45.73	25.21	18.42	17.52
5.	50	160.84	123.06	77.16	7.13	58.08	26.28	66.00	26.59	19.47	15.00
6.	49	174.55	135.78	68.78	5.64	38.94	23.69	38.08	22.94	13.57	9.70
7.	34	99.35	98.90	68.50	6.58	42.15	26.54	37.59	21.14	12.45	14.56
8.	28	132.18	89.84	67.75	6.13	34.54	25.71	34.82	25.11	11.42	10.99
9.	26	140.50	137.11	72.12	5.89	49.00	19.33	49.73	19.44	19.58	15.89
10.	25	80.76	83.98	75.60	4.16	46.00	15.89	46.00	15.89	16.63	18.24
F值		3.69***		14.58***		5.01***		8.71***		1.58	
結果		(1)>(2)(7)(10) (3)>(2)(10) (6)>(10)		(1)(4)(9)>(3) (5)(10)>(1)(2) (3)(4) (6)(7)(8)		(2)>(1)(3)(6)(8) (5)>(1)(6)(8)		(2)>(1)(3)(6)(7) (8) (5)>(1)(3)(4)(6) (7)(8)(10)			

生源高中	N	社團數		休學率		退學率		107系PR值		108系PR值	
		M	SD	M	SD	M	SD	M	SD	M	SD
1.	59	0.46	1.01	0.05	0.22	0.07	0.25	40.15	27.35	36.80	28.59
2.	56	1.18	1.82	0.07	0.26	0.05	0.23	40.69	27.73	39.91	24.92
3.	54	0.63	1.20	0.02	0.14	0.02	0.14	45.42	32.62	47.38	29.54
4.	52	1.19	1.91	0.00	0.00	0.06	0.24	46.45	29.18	44.60	30.26
5.	50	0.74	1.03	0.02	0.14	0.00	0.00	39.59	25.29	36.52	28.17
6.	49	0.61	1.47	0.06	0.24	0.04	0.20	40.21	24.26	39.27	27.37
7.	34	0.79	1.23	0.06	0.24	0.09	0.29	38.57	26.59	60.42	26.68
8.	28	0.50	0.84	0.00	0.00	0.04	0.19	35.42	25.01	34.76	27.24
9.	26	1.08	1.16	0.12	0.33	0.15	0.37	39.99	25.54	43.22	22.69
10.	25	1.20	2.00	0.08	0.28	0.08	0.28	51.30	25.69	43.99	26.94
F值		1.91*		1.20		1.24		0.73		2.01*	
結果		N.S.								N.S.	

註：表格中編號1~10係代表107學年前10所生源高中（人數排行由多至少），此排行校序與106學年相同。$^*p<.05$ $^{***}p<.001$

五、高中表現對大學表現之預測力

前已針對全體、入學管道、高中縣市、高中學校等方式瞭解106-107學年入學生之高中、大學表現概貌，以下再探究高中表現對大學表現之預測力，並且控制如性別、年齡、高中有無特殊身分等變項。以下採用階層迴歸，階段一投入「男_女性」、年齡、「有_無特殊身分」基本人口變項，階段二投入高中請假節數、校PR值高中表現變項，階段三投入大學PR值，以106年PR值預測107年PR值，再以106-107年PR值預測108年PR值及休、退學可能性，如表8~9所示。可知：（一）**大學請假天數**：兩學年均顯示女生、高中請假多、成績差者亦有較多請假天數。（二）**大學社團數**：兩學年均顯示人口變項、高中表現對大學社團數無預測力。（三）**休學率**：106學年有特殊身分者、高中請假多者、高中或大學成績差者

有較多休學率，107學年僅有最靠近一次成績差者有較多休學率。

（四）**退學率**：106學年年齡高者、高中請假多者、高中或大學成績差者有較多退學可能性，107學年僅有最靠近一次成績差者有較多退學可能性。（五）**大學系PR值**：106學年女生、高中較少請假者、高中成績好者有較佳的大學成績，而大學成績與先前高中或大學成績息息相關，但時間最靠近者關係最大；107學年則只有最靠近一次成績可以影響大學成績。

綜上可知：（一）女生由於生理期等因素，因而高中請假較多，雖然請假數多可預測大學成績差，但女生可以突破這種生理限制，反而在大學有較佳成績；（二）高中請假多、成績差會影響到大學成績表現及休退學率，此點可提示大學教授未來在學習歷程檔案上可注意學生的高中缺勤情形、高中成績，據以評定成績（沈碩彬、鄭志文，2019）；（三）年齡大者有較多退學率，可能是同屆學生中有年齡較大才來就讀的學生，可能須負擔經濟、家務責任而有較不穩定因素，因而退學率高；（四）高中有特殊身分者，大學亦有較多休學率，可能本校提供的保護性因子尚有需優化的空間，近期教育部大聲疾呼要進行更多弱勢助學措施，本校也努力推動「1=3，一份愛、三份力量」、「學習圓夢」、「產業創新加值未來教室助學」及「準弱勢學生輔導」等多元計畫（陳世宗，2020），期能更有助這些學生安心就學。

伍、結論與建議

一、結論

（一）本校106-107學年入學生之高中、大學表現

本校106-107學年入學生之高中請假節數約123-144節、平均70-71分、PR值45-47，可知招收學業成績約為中間程度學生；再者，資料

蒐集期間學生大學請假天數約16-22天，平均參與1個社團，休學率4%-8%，退學率5%-12%。以上資料另做院系細部分析供參考。

（二）不同入學管道生源有不同高中及大學表現，以繁星生成績及出席率最佳

本校106-107學年各種主要管道之入學生有如下的高中、大學表現：繁星推薦入學生的大學請假較少，而繁星、類繁星入學生的高中與大學成績均較佳，考試分發生則有較多休、退學率，技專推甄生成績則在大一時期略顯優勢，其後優勢逐漸消失。

（三）不同高中縣市生源有不同高中表現，但對大學成績、休退學率則缺乏預測力

本校106-107學年各種主要生源縣市之入學生有如下的高中、大學表現：雲林縣入學生的高中請假節數較少，苗栗縣、屏東縣入學生的高中成績較佳，但是不同生源縣市間的大學成績、休退學率則無顯著差異情形。

表8 學生人口變項與高中表現對大學表現之階層迴歸分析摘要表
（106學年）

大學表現 IV	請假天數		社團數		休學率			退學率		
	S1	S2	S1	S2	S1	S2	S3	S1	S2	S3
男_女性	-.21***	-.25***	.01	.02	.02	.01	-.03	.05*	.03	-.01
年齡	.02	-.01	-.01	-.01	.01	-.01	-.01	.05*	.04*	.04*
有_無特殊身分	-.03	-.04	.01	.02	.07**	.06**	.06**	.04	.03	.03
高中請假節數		.24***		-.06		.17***	.15***		.09***	.07**
高中校PR值		-.12***		-.02		-.07**	.03		-.08***	.01
106系PR值							-.13**			-.10**
107系PR值							-.10*			-.10*
R2	.045***	.124***	.001	.004	.004**	.039***	.074***	.007**	.024***	.050***
△R2	.045***	.079***	.001	.004*	.004**	.036***	.035***	.007**	.017***	.027***

大學表現\IV	106系PR值		107系PR值			108系PR值		
	S1	S2	S1	S2	S3	S1	S2	S3
男_女性	-.32***	-.19***	-.28***	-.15***	.01	-.28***	-.16***	-.02
年齡	.01	.01	-.03	-.03	-.03**	-.01	.01	.02
有_無特殊身分	-.02	-.01	.01	.01	.02	.01	.01	.01
高中請假節數		-.08***		-.06**	.01		-.04	.02
高中校PR值		.43***		.40***	.06***		.37***	.01
106系PR值					.82***			.13***
107系PR值								.75***
R2	.107***	.291***	.078***	.241***	.715***	.074***	.207***	.758***
△R2	.107***	.184***	.078***	.163***	.474***	.074***	.132***	.551***

*p<.05. **p<.01. ***p<.001.

表9 學生人口變項與高中表現對大學表現之階層迴歸分析摘要表（107學年）

DV\IV	請假天數		社團數		休學率		
	S1	S2	S1	S2	S1	S2	S3
男_女性	-.13***	-.13***	.03	.03	-.02	-.02	-.02
年齡	.03	.03	.01	.01	-.01	-.01	-.02
有_無特殊身分	.04	.03	.01	.01	-.03	-.03	-.03
高中請假節數		.27***		-.03		-.02	-.02
高中校PR值		-.06**		-.01		-.03	-.03
107系PR值							-.15***
R2	.018***	.094***	.001	.002	.001	.002	.026***
△R2	.018***	.076***	.001	.001	.001	.001	.024***

DV\IV	退學率			107系PR值		108系PR值		
	S1	S2	S3	S1	S2	S1	S2	S3
男_女性	-.03	-.02	-.01	.03	.02	.02	.02	.02
年齡	.03	.03	.03	-.02	-.02	-.05	-.05	-.03
有_無特殊身分	.02	.02	.02	.04	.03	-.02	-.02	-.04
高中請假節數		.04	.04		-.02		.01	.02
高中校PR值		.04	.03		-.03		-.03	-.01
107系PR值			-.15***					.51***
R2	.002	.005	.021***	.002	.004	.003	.004	.254***
△R2	.002	.003	.017***	.002	.002	.003	.001	.253***

***p<.001.

（四）不同高中生源有不同高中表現，但對大學社團數、休退學率、成績表現均缺乏預測力

本校106-107學年各種主要生源高中之入學生有如下的高中、大學表現：編號2、10高中入學生的高中請假數較少，編號2、5高中入學生的高中成績較佳，但是不同生源高中間的大學社團數、成績、休退學率則無顯著差異情形。

（五）人口變項與高中表現對大學表現有顯著預測力，且高中表現的預測力較佳

本校106-107學年人口變項、高中表現對大學表現的預測情形如下：1.大學請假天數：以女生、高中請假多者、成績差者為多；2.社團數：無顯著預測力；3.休學率：以有特殊身分者、高中請假多者、高中或大學成績差者為多；4.退學率：以年齡高者、高中請假多者、高中或大學成績差者為多；5.大學成績：以女生、高中較少請假者、高中成績好者為佳，而大學成績與先前高中或大學成績息息相關，但時間最靠近者關係最大。

二、建議

（一）教學單位

1. 教師對學生秉持有教無類、因材施教的正確期望，以利培植學生

    研究發現：雖然不同生源縣市、高中學校會招收到不同特質的學生，但對於大學課業成績與休退學率並無影響率。此結果可破除部分教師認為來自明星校的學生比較好，而較願意教導的成見或偏見，建議本校教師應秉持有教無類的教育態度、採用因材施教的多元方法，幫助學生總是

相信「自己是可以做到的」，進而正向培養學習動機，積極學習，創造多元成功經驗。

2. 申請入學之審查作業宜注意出勤、成績與努力向學資料，俾利精準招生

　　研究發現：學生高中的缺席率、成績會影響其大學成績與休退學率，而縣市別、高中校別則無預測力。建議各學系在推派個人申請作業的審查委員後，宜積極建立共識，關注學生高中時期的出缺勤紀錄與成績，而非其來自哪個縣市或高中。此外，研究發現：高中有特殊身分者較容易於大學中休學，建議學校在個人申請作業時，善用弱勢生的評量尺規審查項目，期能藉此發現弱勢族群中努力向學者；在該生入學後，藉由平時師生的關心與教導，幫助學生學習。以上皆有助本校精準招生。

（二）學校行政

1. 關注各類學生學習情況與落實弱勢扶助措施，減少中輟率

　　研究發現：本校繁星、類繁星入學生的高中、大學成績較佳，繁星生大學請假少，申請入學生的高中請假數較多，考試分發生有較高休、退學率，技專甄審生的大一成績有優勢但之後優勢逐漸消失。由於不同入學管道或特質學生有不同高中及大學表現，目前學校與教育部倡行的方向一致，以申請入學為主要招生管道，而繁星管道則是一開始即招生成績較佳的學生，至於指考入學生比例應要拉至最低。儘管如此，建議學校教務處引導學系關注各入學管道生學習情況，與教學單位群策群力，建立學校正向生活循環，以減少學生中輟率。

2. 辦理申請入學的專業化審查工作坊，並以校務研究成果
   協助學系打破迷思

　　研究發現：不同高中學校、縣市雖然會帶來不同特質
的學生，但是對大學學業表現缺乏影響力，反而是高中表現
對大學表現的預測力較大。學校可藉由辦理申請入學的專業
化審查工作坊，以諸如此類招生議題之校務研究成果，打破
學系對「明星高中必出好學生」的迷思；並且搭配如高中觀
課、與高中對談、模擬審查等方式，促使學系對新課綱更加
熟悉，進而能夠發展出更為專業的審查作為。

（三）未來研究方向

1. 拓展資料：撈取並分析更多元細緻的資料欄位，以完整
   呈現學生表現

　　本研究由教育部主導，藉由國教署與暨大教政系統的
協助取得入學生的高中資料，包括高中有無特殊身分、缺勤
資料、成績學業表現等；其次，藉由與資訊處的討論後，定
義並撈取大學非學業表現如社團數、請假天數等欄位，學業
表現則為休學率、退學率、系PR值等欄位。這些欄位的細
緻度還有待加強，建議未來針對高中單科成績、高中與大學
的特殊身分分類（如中低收入戶）等項進行更多元細緻的撈
取與分析，以求更完整呈現學生的在校表現。

2. 整合研究：長期追蹤本校學生的入學前後表現，以明晰
   本校學生的學習軌跡

　　本研究藉由對106、107學年各種學生來源之高中與大學
表現進行分析，已獲致初步結論，建議未來宜尋求更多元的
整合研究，如進一步針對弱勢族群、各種管道入學生等進行
訪談，以深入瞭解各類學生對校、院、系的看法，以及對自
身學習的看法與展望。此外，再整合相關招生議題研究，為

校尋求精準招生、有效培植學生、減少中輟率的方法。相關整合研究可供教師個人、教學單位及行政單位參考，藉以明晰本校學生的學習經驗與軌跡，並且以更加正確有效的方式培植本校學生積極向學，讓學生在畢業之後仍然對本校念念不忘，並且有個更美好具體的未來。

參考文獻

大學招生委員會聯合會（2021）。大學招生參採高中學習歷程暨數學考科參採調查說明會簡報。https://reurl.cc/ARzD88

王維菁、謝維軒（2020）。多元入學管道交大生學習成效盤點。載於王蒞君與劉奕蘭主編之**化鏡為窗：大數據分析強化大學競爭力**（頁128-173）。國立交通大學。

全球華人股份有限公司（2018）。**智慧IR學用合一大數據計畫書**。未出版。

沈碩彬、林家禎（2018）。招生-在學-招生就業之整合性分析系統。載於**「2018校務研究高教深耕學術研討會-學生跨域學習 vs.社會影響暨優久大學聯盟校務研究分享會」論文集**（頁53-68）。靜宜大學。

沈碩彬、鄭志文（2019）。從十二年國教之「學習歷程檔案」談高中與大學之課程合作。「2019第十一屆教育專業發展學術研討會」發表之論文，東海大學。

林松柏、陳蓮櫻（2020）。學習歷程檔案在大學招生專業之分析運用。**教育研究月刊，329**，21-34。

唐傳義、鄭曉芬（2019）。大學考招制度變革與高中教育之關聯。**台灣教育雙月刊，715**，63-68。

祝若穎（2020）。高中學習歷程資料庫與校務研究之應用介紹。**台灣校務研究專業協會通訊，14**。https://reurl.cc/YjRWq4

國教署（2021）。**12年國教：課程綱要-普通型高級中學**。https://12basic.edu.tw/12about-3-4.php

教育部（2017）。**靜宜大學-學13-1.於學年底處於休學狀態之人數-以「系（所）」統計**。https://reurl.cc/mLEqeA

教育部（2021）。**十二年國民基本教育課程綱要總綱**。https://edu.law.moe.
gov.tw/LawContent.aspx?id=GL002057

教育部高教司（2020）。**大學招生專業化發展計畫：109-110學年度計畫
說明**。教育部高教司。

國教署、暨大教政系統（2019）。**高級中學學生學習歷程檔案資料庫**。
https://ep.cloud.ncnu.edu.tw/

陳世宗（2020）。**靜宜大學「1=3」協助弱勢及準弱勢生翻轉未來**。中
時晚報。https://www.chinatimes.com/realtimenews/20200701000805-
260421?chdtv

陳思光、常善媚、林珊如（2020）。多元學習歷程與招生就學表現初探。
載於王蒞君與劉奕蘭主編之**化鏡為窗：大數據分析強化大學競爭力**
（頁108-126）。國立交通大學。

賴冠瑋（2017）。**學習歷程資料收錄傳送流程示意圖簡報內容**。
http://140.122.249.211/sap/upload/3/20180312002918130.pdf

靜宜大學（2021）。**靜宜大學109-110大學招生專業化發展計畫期中報
告**。教育部計畫報告，未出版。

學校課程對職場共通職能影響之研究

龍華科技大學企管系副教授
黃聖茹

龍華科技大學企管系助理教授兼校務研究中心執行長
李維鈞

壹、前言

近年來因施行九年一貫教育，高等教育程度大幅提升，然經濟和就業市場並未擴增，失業率隨著教育程度愈高反而提升。由於學生於大學階段所學之專業科目並非未來的職涯方向，造成學生學用落差，無法將自身的所學學以致用於未來的工作上。聯合國教科文組織（United Nations Educational, Scientific and Cultural Organization, UNESCO, 1999）認為適當的課程規劃可以幫助學生在競爭的就業環境中獲得機會，因此課程設計是高等教育中不可或缺的工具或手段。Mouzakitis（2010）認為若有適切的課程設計，可以讓技職教育在個人、組織及整體經濟發展中扮演重要的角色。因此，教育現場必須適時調整其教學方法及內容，而教育相關政策制定者及實務工作者應聚焦於課程架構，改善課程設計。

教育部（2012）認為解決大學生高階低就、學用落差及所學與業界契合程度不足等問題，可以從提升教師教學、強化學生學習

及課程調整改善等三大面向著手，並將發展各系所課程地圖、強化學習內容與實務關連，列為獎勵大學教學卓越計畫的目標之一，顯見發展學生就業核心能力為大學校院當務之急，其因應之道則為將學生就業核心能力納入課程地圖中，結合課程目標促成。黃政傑（2000）提出為有效因應未來社會結構及產業需求，培養學生適應職場的能力，必須透過課程地圖發展學生的就業力。

為使學生於就學或畢業前能夠瞭解自己在不同職業類型中所具備的能力，教育部於2009年委託工業技術研究院建置「大專校院就業職能平台」（University Career and Competency Assessment Network, UCAN），目的在協助學生瞭解職場的職業類型、就業機會與職場所需的能力。學生可以透過職業興趣探索職能診斷，探索自己的喜好與各能力的優缺點，加強職場上所欠缺的能力，有助於提升學生的就業力，學校亦可根據學生須加強的能力在課程上作調整。

為達成學用合一，培育學生畢業即能投入職場就業，個案學校透過教育部大專校院就業職能平台（UCAN），於大一及大三定期檢視及分析各學系的課程規劃及學生在職場所需就業力之間的關聯程度，協助學生透過職能自我診斷及評估，規劃自我能力養成計畫，並能針對未來職場就業能力缺口進行補強與學習，以提高個人在職場之競爭優勢。

有鑑於此，本研究於學生在學期間大一及大三利用UCAN平台進行職場共通職能自我評估結果，瞭解學生共通職能的表現及落差，作為學生在大四畢業前，個人能力培養目標及導師輔導參考。再則，亦利用大一及大三學生所施測UCAN共通職能量表結果，採用UCAN平台所提供之職能優勢與課程能量二維分析模式，利用定錨方法分出具不同策略意義的四個象限，做為課程規劃與職能養成之效益評估。

貳、文獻探討

一、職能

　　教育部定義職能為完成工作任務所具備的知識、技術、態度或其他特質的能力。Spencer和Spencer（1993）認為職能是指一個人所具有之潛在基本特質，基本特質是指個人個性中最深層與長久不變的部份，與其工作所擔任的職務有關，更可以瞭解其預期或實際反應、影響行為與績效的表現。Lucia和Lepsinger（1999）提出職能包含知識、技能和態度之相關集群體。Hellriegel、Jackson和Slocum（2001）認為職能是一組知識、技術、行為與態度的組合，有助於提升個人的工作成效。鄭夙珍、林邦傑與鄭瀛川（2009）指出運用知識、態度及技能來執行工作任務之能力，是一切與工作成敗有關的行為、動機與知識。職能（competency）被定義為：執行某項工作時必需具備的關鍵能力，也是個人勝任職業工作必備的知能與態度的綜合表現（Arthur, Bennett, Edens, & Bell, 2003；Hartman, Bann, Barton, & Pearce, 2015）。

　　UCAN[1]將職能分為共通與專業兩類，共通職能是指從事不同職業皆須具備的能力。共通職能是透過3階段驗證：（1）國內外文獻研究；（2）召開跨產業之產官學專家會議；（3）各領域在職人士大規模問卷調查，再經研究驗證，歸納出8項共通職能。專業職能是指在執行某項工作時，所須具備與工作內容、達成工作目標相關的專業知識與能力（UCAN計畫辦公室，2015）。

---

[1]　UCAN大專校院就業職能平台，https://ucan.moe.edu.tw/

二、共通職能

　　職場共通職能是指從事不同職業皆須具備的能力，包括：溝通表達、持續學習、人際互動、團隊合作、問題解決、創新、工作責任及紀律及資訊課技應用。透過UCAN共通職能診斷的結果，可以幫助使用者檢視自己目前在各項職場共通能力已具備的程度，讓使用者提早準備職場所需要的技能。使用者可以透過診斷結果檢視自我優勢並加強弱勢（UCAN計畫辦公室，2015）。

　　由UCAN大專校院就業職能平台整理職場共通職能定義如下：

1. 溝通表達：透過口頭、書面等方式，表達自己的想法使他人了解，並努力理解他人所傳達的資訊。

2. 持續學習：了解能力發展的重要性，並能探索，規劃和有效管理自身的能力，並保持繼續成長的企圖心。

3. 人際互動：依不同情境，運用適當方法及個人風格，與他人互動或共事。

4. 團隊合作：能積極參與團隊任務，並與團隊成員有良好互動，以共同完成目標。

5. 問題解決：遇到狀況時能釐清問題，透過系統化的資訊蒐集與分析，提出解決方案。

6. 創新：在有限的資源下，不侷限既有的工作模式，能夠主動提出新的建議或想法，並落實於工作中。

7. 工作責任及紀律：了解並執行個人在組織中的責任，遵守組織及專業上對倫理、制度及誠信的要求。

8. 資訊科技應用：運用各行業所需的資訊技術工具、有效存取、管理、整合並傳遞訊息。

參、研究方法

本研究旨在瞭解個案學校學生共通職能之跨期差異性分析。將蒐集到的106學年度入學資料依學號於二個時間點（大一和大三）進行串聯，若有學號於任一時間點未蒐集到資料則不列入分析。

一、研究對象與施測時間

樣本資料來源為個案學校106學年入學之學生在就讀期間（大一和大三）利用大專校院就業職能平台（UCAN）施測的資料進行分析，利用學生大一之興趣探索課程及大三職涯分析與規劃課程進行，利用學號連結每個樣本所填寫的資料，若有學號任一年度未進行施測，則不列入計算。研究樣本施測時間為大一（2017年9月-2018年1月），大三（2020年3月- 2020年6月）。

二、研究工具

本研究之問卷項目乃參酌大專校院就業職能平台（UCAN）擬定之八大共通職能指標，包括: 溝通表達有7題、持續學習有7題、人際互動有6題、團隊合作有7題、問題解決有6題、創新有6題、工作責任及紀律有7題、資訊科技應用有8題，測驗共有54題等，將蒐集到的資料進行串聯後分析，以瞭解跨期差異性分析。

研究問卷施測時以5點量表自我評估的方式。分數愈高代表具備程度愈高。利用 SPSS 18.0 統計軟體進行資料統計與分析。

三、職能優勢與課程能量二維分析模式

　　UCAN「職能養成之教學能量回饋」功能可在使用者整體填答完成後，系統將會依「職能分數結果」以及「職能養成教學能量回饋-課程/活動充足度結果」，進行「職能優勢與課程能量二維度分析」，細分出四個象限，如圖1所示，各象限說明如下（UCAN計畫辦公室，2015）：

（一）象限I：繼續保持（優勢職能／課程充足）

　　在該象限屬於此類職能全校平均分數高，且學校課程或活動又充足，為優勢所在，落入此區域的職能項目，學校應該繼續保持。

（二）象限II：後續改進（優勢職能／課程不充足）

　　在該象限屬於全校平均分數高，但學校課程或活動卻不充足的職能項目，是學校後續應該改進的重點。倘若能夠掌握先機、把握學生的需求，即能大大提升學生的各項能力；相反地，如果未能即時改善課程的不足，則會錯失學習的良機。

（三）象限III：優先改進（劣勢職能／課程不充足）

　　在此象限內的職能為學校課程或活動提供不充足，且全校平均分數也低，應該列為優先改善重點，提昇學校課程或活動的豐富與充足度（X軸往高分前進），以提高全校此項職能的優勢（使Y軸往高分前進），進而邁向象限I。

（四）象限IV：優化調整（劣勢職能／課程充足）

　　在該象限之內的職能屬於學校課程或活動太過充足，而全校平均分數低，為避免資源浪費，學校必須調整符合學生的課程或活

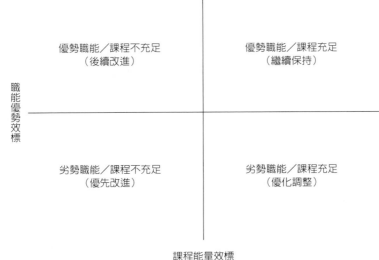

圖1　職能優勢與課程能量二維分析圖

資料來源：UCAN計畫辦公室（2015）

動，激發學生的學習潛能，以提高全校此項職能的優勢（使Y軸往高分前進），最終能往象限I邁進。

肆、研究結果

一、樣本資料分析

本研究以次數分配與百分比瞭解受訪樣本屬性分布情況，根據有效樣本敘述基本資料，受測學生有效樣本共696人，男性70.7%，女性29.3%，本研究樣本分析如表1。從學科三大屬性觀察，社會類（如：企管系、國企系、財金系）及人文類（如：應外系、文創

系、觀休系）女性占比較高，科技類（如：電機系、電子系、資網系、機械系、工管系、資管系）男性占比較高。

表1　樣本人口資料分析表

系別	男		女		總計	
	次數	百分比（%）	次數	百分比（%）	次數	百分比（%）
應外系	12	22.6	41	77.4	53	100
文創系	7	26.9	19	73.1	26	100
觀休系	8	33.3	16	66.7	24	100
企管系	26	46.4	30	53.6	56	100
國企系	14	31.1	31	68.9	45	100
財金系	9	25.7	26	74.3	35	100
工管系	43	79.6	11	20.4	54	100
資管系	35	62.5	21	37.5	56	100
電機系	67	97.1	2	2.9	69	100
電子系	80	97.6	2	2.4	82	100
資網系	59	98.3	1	1.7	60	100
機械系	132	97.1	4	2.9	136	100
合計	492	70.7	204	29.3	696	100

二、樣本資料信效度分析

本研究以Cronbach's α 值來瞭解量表內容測試題目是否具備內在一致性。各系學生在大一共通職能問卷的 Cronbach's α 信度值介於0.923-0.970；各系學生在大三共通職能問卷的 Cronbach's α 信度值介於0.922-0.963，符合信度衡量標準，表示共通職能問卷之量表具備足夠信度，詳如表2所示。

本問卷是採用UCAN共通職能量表，而量表是透過3階段驗證，因此具備良好的內容效度。

表2　樣本信度分析

系別	大一	大三
應外系	0.933	0.922
文創系	0.936	0.928
觀休系	0.943	0.946
企管系	0.937	0.936
國企系	0.958	0.963
財金系	0.951	0.948
工管系	0.923	0.936
資管系	0.970	0.951
電機系	0.957	0.930
電子系	0.946	0.936
資網系	0.948	0.944
機械系	0.946	0.943

三、樣本資料數值分析

　　本研究利用敘述性統計分析，瞭解學生對八大共通職能指標之認知及其差異性，追蹤資料以成對樣本T檢定來進行分析，先後比較各構面在兩個時點的平均數是否具有顯著差異。

　　由表3可以發現，受測學生在大一共通職能構面中，平均得分以工作責任及紀律（4.01）得分最高，創新（3.63）得分最低，由高至低依序為工作責任及紀律（4.01）、人際互動（3.92）、團隊合作（3.92）、資訊科技應用（3.92）、持續學習（3.73）、溝通表達（3.72）、問題解決（3.69）及創新（3.63），顯見大一學生自陳職場共通職能的表現佳（總平均3.82），雖然目前無法完成這些事項，但是努力學習就能做好，對於職場能力的學習仍深具信心。

　　受測學生在大三共通職能構面中，平均得分以工作責任及紀律（4.12）最高，創新（3.72）得分最低，由高至低依序為工作責

任及紀律（4.12）、團隊合作（4.01）、人際互動（3.96）、資訊科技應用（3.94）、問題解決（3.81）、溝通表達（3.80）、持續學習（3.75）及創新（3.72），顯見大一學生經過三年課程的培訓後自陳職場共通職能的表現佳（總平均3.89），經過三年課程培訓後，職場共通職能的表現分數呈現進步。

受測學生在大一及大三共通職能構面中，「溝通表達」、「團隊合作」、「問題解決」、「創新」、「工作責任及紀律」等職能達到顯著差異，表示學生經過三年課程的安排與訓練後，「溝通表達」、「團隊合作」、「問題解決」、「創新」、「工作責任及紀律」等職能有顯著進步。

表3　學生共通職能分析表

職能向度	大一		大三		t值
	平均數	標準差	平均數	標準差	
溝通表達	3.72	0.6414	3.80	0.5889	-2.96*
持續學習	3.73	0.6400	3.75	0.6618	-0.93
人際互動	3.92	0.6717	3.96	0.6529	-1.09
團隊合作	3.92	0.6489	4.01	0.6101	-3.12*
問題解決	3.69	0.6469	3.81	0.6422	-3.94**
創新	3.63	0.6837	3.72	0.6716	-2.90*
工作責任及紀律	4.01	0.6267	4.12	0.5958	-3.94**
資訊科技應用	3.92	0.6368	3.94	0.6337	-0.57

*$p<0.05.$ **$p<0.01.$

四、樣本資料測驗結果與常模比較分析

本節依據樣本資料測驗結果，透過共通職能診斷常模查詢表之常模比對，瞭解受測學生在群體中的位置。常模建置的資料來源為2011年2月19日至2015年1月31日UCAN實測數據，測驗分數來自於

「職場共通職能量表」-UCAN所自行發展之自陳式測驗，技職一年級樣本參照常模人數有115,829人，技職三年級樣本參照常模人數有55,946人。PR值〈50表示該項職能低於全國技職年級學生的平均。

　　受測學生共通職能施測平均分數與參照常模之PR值結果如表4，大一同學與技職一年級學生相比，各職能向度PR值在48-58；大三同學與技職三年級學生相比，各職能向度PR值在54-61，以「工作責任及紀律」與「團隊合作」在常模團體的相對位置提升最多，「持續學習」、「資訊科技應用」在常模團體的相對位置提供最少，建議學生可以透過經常閱讀、參加專題競賽或研究、參與自我成長等教育活動以加強持續學習能力；透過修習資訊科技課程或參與校內外相關電腦研習活動以加強資訊科技應用能力。此外，由表4可以發現，受測學生經由三年課程的訓練，八大共通職能均有成長。

表4　學生共通職能施測平均分數與參照常模之PR值結果

職能向度	大一 平均分數	技職一年級 常模PR值	大三 平均分數	技職三年級 常模PR值	PR值變化*
溝通表達	3.72	58	3.80	61	3
持續學習	3.73	52	3.75	54	2
人際互動	3.92	48	3.96	54	4
團隊合作	3.92	50	4.01	59	9
問題解決	3.69	57	3.81	61	4
創新	3.63	52	3.72	55	3
工作責任及紀律	4.01	53	4.12	63	10
資訊科技應用	3.92	57	3.94	57	0

註：*即技職三年級常模PR值減去技職一年級常模PR值

五、樣本資料職能優勢與課程能量二維分析模式結果

本研究採用UCAN平台所提供之職能優勢與課程能量二維分析模式，分成職能優勢效標與課程能量效標，利用重心定錨法[2]分出具不同策略意義的四個象限。

大一學生UCAN職能養成之教學能量回饋分析結果如表5和圖2。「團隊合作」、「人際互動」、「資訊科技應用」、「工作責任及紀律」屬於繼續保持區，表示此類職能全校平均分數高，且學校課程或活動充足，為優勢所在，此區域的職能項目學校應該繼續保持。「問題解決」、「創新」、「溝通表達」屬於優先改進區，表示此類職能為學校課程或活動提供不充足，且全校平均分數也低，列為優先改善重點，以提昇學校課程或活動的豐富與充足度。「持續學習」屬於優化調整區，表示此類職能屬於學校課程或活動太過充足，而全校平均分數低，為避免資源浪費，學校必須調整符合學生的課程或活動，激發學生的學習潛能，以提高全校此項職能的優勢。

大三學生UCAN職能養成之教學能量回饋分析結果如表5和圖3。「團隊合作」、「人際互動」、「資訊科技應用」、「工作責任及紀律」屬於繼續保持區，表示此類職能全校平均分數高，且學校課程或活動充足，為優勢所在，此區域的職能項目學校應該繼續保持。「問題解決」、「持續學習」、「創新」、「溝通表達」屬於優先改進區，表示此類職能為學校課程或活動提供不充足，且全校平均分數也低，列為優先改善重點，以提昇學校課程或活動的豐富與充足度。

---

[2] 採用八項共通職能加總的平均數為基準點（UCAN計畫辦公室，2015）。

表5　學生共通職能之職能優勢與課程能量二維分析

職能向度	大一職能優勢	大一課程能量	二維分析	大三職能優勢	大三課程能量	二維分析
溝通表達	3.77	3.56	優先改進	3.81	3.64	優先改進
持續學習	3.76	3.69	優化調整	3.76	3.76	優先改進
人際互動	3.97	3.76	繼續保持	3.94	3.79	繼續保持
團隊合作	3.97	3.80	繼續保持	4.01	3.99	繼續保持
問題解決	3.73	3.64	優先改進	3.80	3.75	優先改進
創新	3.68	3.49	優先改進	3.71	3.48	優先改進
工作責任及紀律	4.04	3.84	繼續保持	4.12	3.90	繼續保持
資訊科技應用	3.96	3.73	繼續保持	3.93	3.81	繼續保持

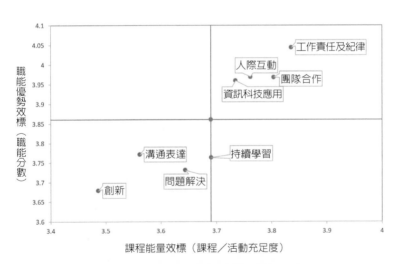

圖2　大一學生共通職能之職能優勢與課程能量二維分析圖

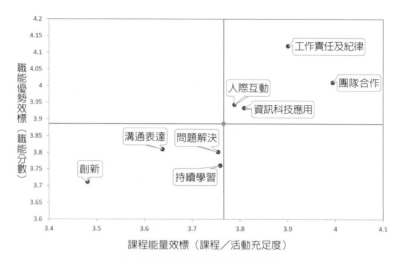

圖3　大三學生共通職能之職能優勢與課程能量二維分析圖

伍、結論

一、研究結果

　　本研究以個案學校106學年度入學學生於在學期間大一及大三施測過UCAN共通職能量表學生為對象進行調查，蒐集實證資料，以探討學生在共通職能歸納出最關鍵八項能力的現況及待強化之處，作為學生在大四畢業前，個人能力培養目標及導師輔導參考；此外，本研究亦利用106學年度入學之大一及大三學生所施測UCAN共通職能量表結果，採用 UCAN 平台所提供之職能優勢與課程能量二維分析模式，利用定錨方法分出具不同策略意義的四個象限。幫助學生找出需要加強的職能，以作為學校課程規劃調整的參考，持續提升學生的就業力。

研究結果發現，學生經過三年課程培訓後，職場共通職能的表現分數進步。學生在大一及大三共通職能構面中，學生經過三年課程的安排與訓練後，溝通表達、團隊合作、問題解決、創新、工作責任及紀律等職能有顯著進步。在效力值部份，所有共通職能指標皆為正向成長，資訊科技應用改變較小，工作責任及紀律改變較大。依職場共通職能對應全國技職一年級常模之PR值，本校一年級學生低於全國技職一年級職能為團隊合作、人際互動；對應全國技職三年級常模之PR值，三年級學生常模PR值皆優於全國技職三年級學生常模值，顯示出本校對於課程的設計有益於學生在共通職能的培養。職能優勢與課程能量二維分析模式發現，大一學生於問題解決、創新、溝通表達屬於優先改進區；大三學生於問題解決、持續學習、創新、溝通表達屬於優先改進區，表示此類職能為學校課程或活動提供不充足，且全校平均分數也低，列為優先改善重點，以提昇學校課程或活動的豐富與充足度。

二、建議

（一）研究建議

1. 共通職能在定義上為每個職業都需要的能力，然在不同專業領域上可能有不同程度的必要性，教學單位在資源有限的情況下，可以依據學院別學生對職場能力的需求程度，規劃課程內容，開設需求較高的相關課程。

2. 共通職能屬於繼續保持區，建議教學單位持續維持學生認為有幫助的學習，並定期檢視；共通職能屬於後續改善區，建議教學單位瞭解職能優勢是否確實，盤點課程是否符合所對應的職能，進而調整課程。共通職能屬於優先改善區，建議教學單位瞭解職能劣勢是否確實，盤點課程是否符合所對應的職能，進而調整課程，並強化學習輔導機制。共通職能屬

於優化調整區，建議教學單位瞭解職能劣勢是否確實，調整課程的教學策略，使其與能力養成目標相符。

3. 建議授課教師可以利用不同的教學法培養學生的共通職能（表6）或透過課堂評量活動養成學生的共通職能（表7）（陳琮斐，2014）。

表6　教學法培養共通職能

	講述教學法	合作教學法	PBL教學	個案討論法	探究學法	角色扮演	腦力激盪	實驗操作	校外參觀	校外實習
溝通表達		✓		✓		✓				
持續學習	✓								✓	✓
人際互動		✓		✓		✓	✓			
團隊合作		✓								✓
問題解決	✓			✓	✓	✓		✓		
創新		✓		✓	✓	✓	✓	✓		
工作責任及紀律										✓
資訊科技應用		✓	✓							

資料來源：陳琮斐（2014）

表7　課堂評量活動養成共通職能

	學習參與	作業	個人報告	專題報告	課堂討論	隨堂實作	檔案紀錄	競賽
溝通表達	✓		✓	✓	✓			
持續學習		✓					✓	✓
人際互動				✓	✓			
團隊合作				✓				
問題解決		✓	✓	✓	✓			✓
創新			✓	✓				✓
工作責任及紀律	✓	✓						

	學習參與	作業	個人報告	專題報告	課堂討論	隨堂實作	檔案紀錄	競賽
資訊科技應用		✓	✓	✓				

資料來源：陳琮斐（2014）

（二）實務建議

1. 鼓勵教師參與職能課程相關研習，教師瞭解共通職能架構與課程設計的相關性，適時調整職能相關課程，使得課程規劃更符合各系所學生職能的需求。
2. 建立教師分享機制，每學期透過教師們的經驗分享與傳承，教師可以協助學生選課或未來職涯發展的方向。
3. 學生自評問卷量表品質是此次研究最大限制，因此建議施測量表教師於施測期間適時的引導及解說，可使問卷填答品質提升。

參考文獻

王嘉陵（2011）。台灣高等教育課程地圖繪製之反思。教育研究與發展期刊，**7**（2），57-80。

教育部（2012）。〈育才飛躍〉獎勵大學教學卓越計畫成果專刊。臺北市：教育部。

勞動部勞動力發展署（2017）。職能基準發展指引。擷取自：
http://webadm.tainan.gov.tw/tn/tainan/warehouse/%7BF0C257ED-80F8-4550-B1FD-063CDFDB653A%7D/職能基準發展指引.pdf。

陳琮斐（2014），共通核心職能課程推動經驗與成效。103學年度「補助大專校院辦理就業學程計畫」計畫申請說明會。行政院勞委會職訓局。擷取自：https://csc.nutc.edu.tw/ezfiles/34/1034/img/434/5-06.pdf

黃政傑（2000）。前瞻技職教育的未來。技術與職業教育雙月刊，**55**，

57-60。

鄭夙珍、林邦傑、鄭瀛川（2009），大學生職能量表之發展研究。測驗學刊，56（3），397-430。

Arthur, W. J., Bennett, W. J., Edens, P. S., & Bell, S. T. (2003). Effectiveness of training in organizations: A meta-analysis of design and evaluation features. Journal of Applied Psychology, 88(2), 234-245.

Hartman, F., Bann, C., Barton, B., & Pearce, K. (2015). Making a Difference: Faculty Development in Competency Based Education. 2015 Collection of Papers of Annual Conference on Higher Learning Commission.

Hellriegel, D., Jackson, S. E., & Slocum, J. W. (2001)Management: A competency based approach, Cincinnati, OH: South-Western College Publishing.

Lucia, A. D., & Lepsinger, R. (1999)The art and science of competency models, SF: Jossey-Bass/Pfeiffer.

Mouzakitis, G. S. (2010). The role of vocational education and training curricula in economic development. *Procedia-Social and Behavioral Sciences, 2*(2), 3914-3920.

Palmer, R. (2006). Beyond the basics: Balancing education and training systems in developing countries. *Journal for Education in International Development, 2*(1), 1-21.

Spencer, L. M., & Spencer, S. M. (1993)Competency at Work. NY: John Wiely & Sons.

Tabbron, G., & Yang, J. (1997). The interaction between technical and vocational education and training (TVET) and economic development in advanced countries. *International Journal of Educational Development, 17*(3), 323-334.

United Nations Educational, Scientific and Cultural Organization (UNESCO). (1999). *International Workshop on Curriculum Development in Technical and Vocational Education.* Paris, FR: UNESCO.

國家圖書館出版品預行編目

以數據驅動的校務策略規劃 / 臺灣校務研究專業協
會著. 周景揚、鄭保志主編 -- 新竹市：臺灣校務
研究專業協會, 2022.11
　　面；　公分
　　ISBN 978-626-96614-1-1(平裝)

1.CST: 高等教育 2.CST: 學校行政 3.CST: 學校
管理

525.6　　　　　　　　　　　　111015046

以數據驅動的校務策略規劃

主　　編／周景揚、鄭保志

出　　版／臺灣校務研究專業協會

　　　　　　地址：新竹市大學路1001號工程五館542室

　　　　　　電話：(03)5712121#50188

製作銷售／秀威資訊科技股份有限公司

　　　　　　114 台北市內湖區瑞光路76巷69號2樓

　　　　　　電話：+886-2-2796-3638

　　　　　　傳真：+886-2-2796-1377

網路訂購／秀威書店：https://store.showwe.tw

　　　　　　博客來網路書店：https://www.books.com.tw

　　　　　　三民網路書店：https://www.m.sanmin.com.tw

　　　　　　讀冊生活：https://www.taaze.tw

出版日期／2022年11月　　**定價**／280元